10 Lições sobre
NIETZSCHE

Dados Internacionais de Catalogação na Publicação (CIP)
(Câmara Brasileira do Livro, SP, Brasil)

Melo Neto, João Evangelista Tude de
  10 lições sobre Nietzsche / João Evangelista Tude de Melo Neto. – Petrópolis, RJ : Vozes, 2017. – (Coleção 10 Lições)
  Inclui bibliografia.

  7ª reimpressão, 2025.

  ISBN 978-85-326-5419-9

  1. Filosofia alemã 2. Nietzsche, Friedrich Wilhelm, 1844-1900 I. Título. II. Série.

17-01228   CDD-193

Índices para catálogo sistemático:
1. Nietzsche : Filosofia alemã   193

João Evangelista Tude de Melo Neto

10 Lições sobre
NIETZSCHE

Petrópolis

© 2017, Editora Vozes Ltda.
Rua Frei Luís, 100
25689-900 Petrópolis, RJ
www.vozes.com.br
Brasil

Todos os direitos reservados. Nenhuma parte desta obra poderá ser reproduzida ou transmitida por qualquer forma e/ou quaisquer meios (eletrônico ou mecânico, incluindo fotocópia e gravação) ou arquivada em qualquer sistema ou banco de dados sem permissão escrita da editora.

CONSELHO EDITORIAL

Diretor
Volney J. Berkenbrock

Editores
Aline dos Santos Carneiro
Edrian Josué Pasini
Marilac Loraine Oleniki
Welder Lancieri Marchini

Conselheiros
Elói Dionísio Piva
Francisco Morás
Teobaldo Heidemann
Thiago Alexandre Hayakawa

Secretário executivo
Leonardo A.R.T. dos Santos

PRODUÇÃO EDITORIAL

Anna Catharina Miranda
Eric Parrot
Jailson Scota
Marcelo Telles
Mirela de Oliveira
Natália França
Priscilla A.F. Alves
Rafael de Oliveira
Samuel Rezende
Verônica M. Guedes

Editoração: Flávia Peixoto
Diagramação: Sheilandre Desenv. Gráfico
Revisão gráfica: Fernando Sergio Olivetti da Rocha
Arte-finalização de capa: Editora Vozes
Ilustração de capa: Studio Graph-it

ISBN 978-85-326-5419-9

Este livro foi composto e impresso pela Editora Vozes Ltda.

Sumário

Lista de abreviaturas, 7

Introdução, 11

Primeira lição – Nietzsche, sua vida e sua obra, 17

Segunda lição – As reflexões do jovem Nietzsche acerca do trágico e da tragédia grega, 32

Terceira lição – A noção nietzscheana da morte de Deus, 44

Quarta lição – O procedimento genealógico, 53

Quinta lição – A crítica à moral ocidental, 63

Sexta lição – O projeto de transvaloração de todos os valores, 72

Sétima lição – A noção nietzscheana da vontade de potência, 80

Oitava lição – A doutrina do eterno retorno do mesmo, 89

Nona lição – O além-do-homem e a afirmação da vida, 99

Décima lição – Perspectivismo e verdade em Nietzsche, 107

Conclusão, 117

Referências, 121

Lista de abreviaturas

Neste trabalho, adotamos a já consagrada convenção proposta pela edição Colli/Montinari das *Obras Completas de Nietzsche*. As siglas em alemão são acompanhadas de siglas em português:

1 Siglas dos textos de Nietzsche

1.1 Textos editados pelo próprio Nietzsche

JGB/BM – *Jenseits von Gut und Böse* (*Além do bem e do mal*).

FW/GC – *Die fröhliche Wissenschaft* (*A gaia ciência*).

GD/CI – *Götzen-Dämmerung* (*Crepúsculo dos ídolos*).

GM/GM – *Zur Genealogie der Moral* (*Genealogia da moral*).

GT/NT – *Die Geburt der Tragödie* (*O nascimento da tragédia*).

M/A – *Morgenröte* (*Aurora*).

MA I/HH I – *Menschliches Allzumenschliches* (vol. 1) [*Humano, demasiado humano* (vol. 1)].

MA II/HH II – *Menschliches allzumenschliches* (vol. 2) [*Humano, demasiado humano* (vol. 2)].

WA/CW – *Der Fall Wagner* (*O caso Wagner*).

VM/OS – *Menschliches Allzumenschliches* (vol. 2): *Vermischte Meinungen* [*Humano, demasiado humano* (vol. 2): *Miscelânia de opiniões e sentenças*].

WS/AS – *Menschliches Allzumenschliches* (vol. 2): *Der Wanderer und sein Schatten* [*Humano, demasiado humano* (vol. 2): *O andarilho e sua sombra*].

Za/ZA – *Also sprach Zarathustra* (*Assim falava Zaratustra*).

1.2 Textos preparados para edição

AC/AC – *Der Antichrist* (*O anticristo*).
EH/EH – *Ecce homo* (*Ecce homo*).

Obs.: Para os textos publicados por Nietzsche, o algarismo arábico indicará a seção; no caso de GM/GM, o algarismo romano indicará a dissertação e o arábico, a seção; no caso de Za/ZA, o algarismo romano remeterá à parte do livro e a ele se seguirá o título do discurso; no caso de GD/CI e de EH/EH, o algarismo arábico, que se seguirá ao título do capítulo, indicará a seção.

1.3 Fragmentos póstumos

Nachlass/FP – *Fragmentos Póstumos*

Obs.: Para os fragmentos póstumos, toda a numeração identificará o fragmento. Acrescentamos a essa notação a data ou época na qual o fragmento foi escrito, de acordo com a edição *Kritische Studienausgabe* (KSA).

2 Nota sobre as traduções utilizadas

Nas citações dos textos publicados ou preparados por Nietzsche foram utilizados os livros editados pela Companhia das Letras. No que diz respeito a *O nascimento da tragédia*, a tradução é de Jacó Guinsburg. As demais obras dessa coleção são traduções de Paulo César de Souza. Para os fragmentos póstumos, optamos por uma tradução a partir do original. Todavia, utilizamos como consulta a tradução de Rubens Rodrigues Torres Filho (*Obras incompletas*) e o trabalho dirigido por Diego Sanchez Meca: NIETZSCHE, F. *Fragmentos póstumos*. 4. vol. Madri: Tecnos, 2007.

3 Nota sobre as citações

No que se refere aos textos de Nietzsche, as citações foram realizadas no corpo do texto. No que diz respeito às demais obras, as citações seguiram as normas da ABNT e foram feitas em notas de rodapé.

Introdução

Nietzsche considerava que a descoberta do "fato de que 'Deus está morto', de que a crença no Deus cristão perdeu o crédito" (FW/GC, § 343) faria desmoronar as bases de sustentação de todos os valores morais do Ocidente (cf. § 343). Em outros termos, a morte de Deus traria à tona o perigo do *niilismo* – isto é, a ameaça de um total esvaziamento moral –, uma vez que o "advento" em questão provocaria a perda da autoridade reguladora dos valores que, até então, norteavam a civilização ocidental. Na ótica do filósofo, contudo, essa iminente falência do Ocidente abriria espaço para implementação de um projeto que visa promover a fundação de uma nova cultura capaz de superar o niilismo (cf. as lições três e seis).

Ao dar contornos conceituais à questão do niilismo e, ao mesmo tempo, tentar superá-la, Nietzsche apresenta um problema com o qual boa parte do pensamento contemporâneo posterior a ele terá de se ater. De fato, não foram poucos os que, nos séculos XX e XXI, perceberam a importância e se defrontaram com esses temas. Arriscamo-nos a afirmar, por exemplo, que a filosofia nietzscheana consiste num dos pontos de partida para as reflexões existenciais de Heidegger e do existencialismo francês. Como seria possível compreender uma das máximas do existencialismo sartreano, a saber, "a existência precede a essência", sem levarmos em conta que o pensamento do filósofo francês está situado num momento histórico "pós-morte de Deus"? Lembremos que a formulação de Sartre é resultado de uma reflexão radical acerca das consequências do ateísmo sobre a existência humana. A esse respeito, examinemos o que diz o filósofo francês em *O existencialismo é um humanismo:* "O existencialismo ateu, que eu represento, é mais coerente. Ele declara que se Deus não existe, há pelo menos um ser no qual a existência precede a essência, um ser que existe antes de poder ser definido por um conceito [...] esse ser é o homem"[1].

A filosofia de Nietzsche também aparece como uma questão central nas reflexões dos integrantes da Escola de Frankfurt. Prova disso é que em *Dialética do esclarecimento,* um dos textos seminais do movimento, Adorno e Horkheimer interpretam o pensamento nietzscheano – ao lado da literatura de Sade e da filosofia crítica de Kant – como

---

1. SARTRE, J.-P. *L'existentialisme est un humanisme*. Paris: Galimard, 1996, p. 29 [Trad. bras.: SARTRE, J.-P. *O existencialismo é um humanismo*. 2. ed. Petrópolis: Vozes, 2013 [Trad. João Batista Kreuch].

uma espécie de momento necessário e "catastrófico" do desenrolar de toda história do pensamento *esclarecido*. No entender dos autores, a filosofia de Nietzsche seria um resultado das contradições internas do esclarecimento e, ao mesmo tempo, uma radicalização do projeto de emancipação da razão iluminista. Sua obra consistiria numa espécie de denúncia do caráter autodestrutivo do próprio esclarecimento – sobretudo no que diz respeito às questões da moral[2].

Todavia, o anúncio da morte de Deus e o niilismo não foram os únicos temas do pensamento nietzscheano que deixaram rastros na filosofia contemporânea. Se levarmos em conta as reflexões dos "nietzscheanos franceses"– isto é, Deleuze, Foucault, Derrida, Lyotard etc. – perceberemos que estes pensadores levaram a crítica de Nietzsche à metafísica do sujeito às últimas consequências. Além disso, eles elegeram alguns aspectos do pensamento do filósofo como uma espécie de ferramenta conceitual para interpretar o mundo contemporâneo.

Mais recentemente, comentadores também mostraram que ecos das reflexões de Nietzsche acerca da linguagem podem ser ouvidos até mesmo na filosofia

---

2. Cf. ADORNO, T.W. & HORKHEIMER, M. *Dialética do esclarecimento*: fragmentos filosóficos. Rio de Janeiro: Zahar, 1985, p. 97 e 98.

analítica. Foram sugeridas, a esse respeito, aproximações entre Nietzsche e Ludwig Wittgenstein. No mesmo sentido, o filósofo estadunidense Richard Rorty, um dos principais representantes do pragmatismo contemporâneo, se debruçou sobre a obra do pensador alemão e a interpretou à luz de uma admissível convergência com a tradição pragmatista.

Além da esfera propriamente filosófica, encontramos reflexos do pensamento nietzscheano em outras áreas do saber ocidental. Muito já se falou, por exemplo, sobre a relação entre a filosofia de Nietzsche e a psicanálise de Freud[3]. A esse respeito, podemos citar a noção nietzscheana de "má consciência", a qual possui uma considerável aproximação teórica em relação ao conceito freudiano de "superego"[4].

Afora todas essas referências, o pensamento de Nietzsche ainda se faz presente nas reflexões teológicas do Papa Bento XVI, nas artes plásticas, na música, na literatura, no teatro, no cinema, na política e até na indústria cultural. Enfim, estudar o pensamento de Nietzsche é uma tarefa

---

3. Cf., p. ex., ASSOUN, P.-L. *Freud et Nietzsche*. Paris: PUF, 2008.

4. Cf. seção § 16 da segunda dissertação de *Genealogia da moral* e os capítulos V, VI e VII de *O mal-estar da cultura*, de Freud.

incontornável para quem pretende compreender a contemporaneidade.

Tendo isso em mente, este livro visa oferecer ao estudante das ciências humanas, assim como ao leitor não especialista, um apanhado conceitual do pensamento nietzscheano. Nesse sentido, nosso objetivo foi apresentar os temas centrais da filosofia de Nietzsche, distribuindo esses temas em 10 lições. Cada uma delas versará sobre uma noção específica da filosofia de Nietzsche como, por exemplo: a tragédia grega, a morte de Deus, a vontade de potência, a doutrina do eterno retorno, o além--do-homem etc. Com essa disposição, almejamos fornecer ao leitor iniciante um instrumental teórico que venha capacitá-lo a compreender as questões--chave do pensamento de Nietzsche. Neste trabalho, optamos por não seguir, de maneira rígida, uma exposição histórica dos temas. Isso porque entendemos que algumas noções apresentadas – a exemplo do *perspectivismo* – permeiam toda obra do filósofo. Outra advertência que deve ser feita é que, apesar de ser possível ler e compreender perfeitamente cada lição de maneira independente, existe no livro um encadeamento lógico que começa na lição *três* e vai até a *nove*. Sendo assim, entendemos que uma leitura que siga essa sequência será mais proveitosa.

Primeira lição

Nietzsche, sua vida e sua obra

"*Ecce homo*" (eis o homem), esta é a expressão que teria sido proferida por Pôncio Pilatos para apresentar Jesus Cristo à multidão[5]. É com essas mesmas palavras do governador da província romana da Judeia que Friedrich Wilhelm Nietzsche intitula a sua autobiografia intelectual, o *Ecce homo* – escrito em 1888 e publicado postumamente em 1908[6]. A escolha deste título não consiste apenas numa mera paródia provocativa do Evangelho, uma vez que o filósofo, de fato, se apresenta como o portador de uma nova mensagem que promoveria uma total reviravolta nos valores ocidentais. Nesse

---

5. Cf. Evangelho de João (19,5).

6. Na verdade, a primeira versão que vem a público foi mutilada pela irmã de Nietzsche, responsável pela publicação. Uma versão original preparada a partir dos manuscritos do filósofo só será publicada cerca de 60 anos mais tarde, por ocasião do lançamento da edição das *Obras Completas*, organizada por Giorgio Colli e Mazzimo Montinari.

sentido, entendemos que não seria incabível afirmar que Nietzsche parece, realmente, compreender a si mesmo como uma espécie de "Cristo invertido". Todavia, esse homem que se vê como o ponto de inflexão dos valores do Ocidente nasceu no seio de uma fervorosa família luterana, no dia 15 de outubro de 1844, na localidade de Röcken, antiga Prússia. O seu pai, Karl Ludwig, assim como os seus dois avôs, eram pastores da referida tradição reformada.

O início da infância de Nietzsche foi traumático. Quando contava menos de cinco anos, ele perde o pai, vítima de uma complicação neurológica que veio a dar sinais depois que Karl Ludwig sofreu uma queda. Segundo o diagnóstico da época, a *causa mortis* foi "amolecimento no cérebro". Poucos meses depois do falecimento do pai, o irmão mais novo de Nietzsche, Ludwig Joseph, também veio a óbito com apenas dois anos de idade. A partir de então, o núcleo familiar de Nietzsche passou a ser formado apenas por mulheres: sua mãe (Franziska Oehler), sua avó, duas tias solteiras e sua irmã, Elizabeth Förster-Nietzsche.

A despeito da morte prematura do pai, a imagem paterna parece ter influenciado bastante o menino Nietzsche, pois, durante a infância, ele almejava seguir a mesma carreira de seus parentes. Na escola, seus colegas chegaram a chamá-lo de "o pequeno pastor", uma vez que o menino costumava recitar, de cor, longos trechos da Bíblia e cantar músicas religiosas.

Em 1850, Nietzsche e toda sua família se mudam para Naumburg. Nessa cidade, inicia seus estudos primários na escola municipal. Depois de algum tempo, transfere-se para o Instituto Weber e, por fim, matricula-se no Ginásio de Naumburg. Permanece nesse estabelecimento de ensino até outubro de 1858, quando ingressa como bolsista no renomado *Colégio Real de Pforta* – instituição de excelência educacional que gozava de reconhecimento acadêmico desde o século XVI. Os anos de estudo em *Pforta* serão de extrema importância para o desenvolvimento do pensamento nietzscheano, pois é neste colégio que ele dá início a uma rica formação clássica que influenciará profundamente sua filosofia posterior. Em *Pforta*, Nietzsche funda, em parceria com alguns colegas, a sociedade *Germania*, uma espécie de confraria cultural em que os participantes produzem e apresentam trabalhos literários, filosóficos e musicais. É no contexto da *Germania* que o filósofo redige, aos 17 anos, o ensaio *Fatum e história*, texto em que aparecem, em germe, algumas reflexões sobre a questão "liberdade *versus* determinismo" que serão desenvolvidas posteriormente. É por volta dessa época que ele começa a manifestar suas primeiras dúvidas em relação à religião.

Nietzsche permanece estudando em *Pforta* até 1864, quando ingressa na *Universidade de Bonn* com o objetivo de cursar Teologia e Filologia Clássica. Nessa instituição, passa a acompanhar os cursos do renomado professor de Filologia Friedrich Ritschl. Muito provavelmente por influência do próprio Ritschl, que se transfere para a Universidade de Leipzig em 1865, o jovem universitário desiste da teologia e também se muda para Leipzig, onde dá continuidade ao estudo de filologia. É neste mesmo ano que descobre *O mundo como vontade e representação* (1819), principal obra de Schopenhauer. A leitura do livro vai marcar profundamente a vida e a obra de Nietzsche. Essa influência de Schopenhauer pode ser identificada mais facilmente nos primeiros textos nietzscheanos e aparece de forma menos clara nos escritos posteriores. É também em Leipzig que a rejeição ao cristianismo começa a se acentuar. Nesta época, por exemplo, Nietzsche discute com a mãe por recusar-se a ir à comunhão.

Durante o período de estudos em Leipzig, Nietzsche publica vários trabalhos de Filologia Clássica, entre eles, estudos sobre o poeta grego Theógnis de Megara (VI a.C.) e o historiador de filosofia Diógenes Laércio (III d.C.). Alguns desses textos são premiados e rendem reconhecimento acadêmico ao filósofo. É justamente o prestígio conquistado por meio da qualidade de seu trabalho que leva o estudante a ser nomeado – aos 24 anos e sem o título de doutor – professor de Filologia Clássica na Universidade de Basileia na Suíça. Durante a época em que lecionou nessa universidade, tornou-se amigo do renomado estudioso de história da arte Jacob Burckhardt (1818-1897) e do professor de Teologia Franz Overbeck (1837-1905). No mesmo ano em que inicia suas atividades na Basileia (1869), também conhece o compositor Richard Wagner (1813-1883). Durante anos, o filósofo e o músico vão cultivar uma amizade que viria a ser rompida em 1878. A música e os posicionamentos estéticos de Wagner vão exercer forte influência nos primeiros textos filosóficos de Nietzsche.

Em julho de 1870, Nietzsche participa da Guerra Franco-prussiana (1870-1871) como voluntário na função de assistente hospitalar. O filósofo trata de soldados gravemente feridos e moribundos. Além disso, desloca-se por áreas de combates recentes e fica horrorizado com os corpos esquartejados nos campos de batalha. Portanto, apesar de não ter vivenciado o conflito diretamente no fronte de batalha, essas experiências foram fortemente traumáticas. Em um mês de guerra, contrai difteria e disenteria e é obrigado a se retirar do conflito. A despeito do curto período de participação, a Guerra Franco-prussiana vai marcar profundamente a vida e a obra de Nietzsche, pois foi por meio dela que ele presenciou, de perto, a destruição causada pela ferocidade humana. Não é à toa que o tema da violência vai ganhar um enfoque central em sua obra posterior: as noções nietzscheanas de "vontade de potência", "culpa" e "castigo" orbitarão em torno da questão da violência.

Após sua participação no conflito, Nietzsche retorna à Alemanha para tratamento e, posteriormente, à Suíça para retomar suas atividades acadêmicas. Durante o ano de 1871 trabalha em seu primeiro livro filosófico: *O nascimento da tragédia no espírito da música*. O escrito, publicado em 1872, consiste numa interpretação da tragédia grega à luz de teses schopenhauerianas. Além disso, o texto também milita a favor da música de Wagner que é apresentada como uma espécie de retomada do espírito trágico dos gregos em pleno século XIX. A publicação gera muita polêmica e é duramente criticada pelo renomado filólogo Ulrich von Wilamowitz-Möllendorff (1848-1931). Esse helenista chega a publicar um pequeno texto intitulado de *A filologia do futuro, réplica a Friedrich Nietzsche*, em que desqualifica a cientificidade de *O nascimento da tragédia*. Nietzsche, contudo, não estará só nesse embate acadêmico, pois Wagner e o amigo e prestigiado estudioso de cultura clássica Erwin Rohde (1845-1898)[7] vêm em sua defesa por meio

---

7. Erwin Rohde era amigo de Nietzsche desde os tempos de Leipzig, onde ambos foram alunos de Ritschl. É da autoria de Rohde um dos maiores clássicos acerca da cultura grega: *Psyche*.

da publicação de textos rebatendo as acusações de Wilamowitz-Möllendorff.

No ano seguinte à publicação de *O nascimento da tragédia*, o filósofo redige dois pequenos textos que só seriam publicados postumamente. Tratam-se de *Sobre verdade e mentira no sentido extra-moral* e *Filosofia na época trágica dos gregos*. O primeiro traz uma espécie de discussão epistemológica em que Nietzsche apresenta algumas teses que irá desenvolver ao longo de sua obra. O segundo consiste num estudo da filosofia pré-socrática que também irá reverberar nos escritos tardios. Ainda em 1873, Nietzsche começa a apresentar suas primeiras crises de saúde. Vê-se impedido de ler e escrever por conta de constantes e intensas dores de cabeça e na vista. Seu estado se agrava a partir de 1875, quando ele suspende provisoriamente suas aulas na Universidade da Basileia. Entre períodos de doença e convalescência, escreve e publica *Humano, demasiado humano* (1878), *Miscelânea de opiniões e sentenças* (1879) e *O andarilho e sua sombra* (1879). Esses livros inauguram uma nova fase na obra de Nietzsche e marcam o afastamento do filósofo em relação ao pensamento de Schopenhauer e aos posicionamentos estéticos de Wagner.

Finalmente, em 1879, com a saúde muito debilitada ele deixa, de uma vez por todas, o posto de professor na Universidade. A partir desse momento, dá início a uma vida errante pela Europa. Com a saúde ainda oscilando, viaja principalmente pela Suíça, França e Itália. Chega a se fixar temporariamente nas cidades de Veneza, Gênova, Nice, Turim, Naumburgo, Locarno, Stresa e Basileia. É durante esse período de viajante que redige boa parte de suas obras filosóficas. Em uma dessas suas andanças, instala-se, em 1881, na localidade de Sils Maria, na Suíça, onde é tomado por uma espécie de inspiração extática. À beira do lago de Silva Plana e de frente a uma rocha com forma de pirâmide, o pensador é atravessado pela visão do eterno retorno do mesmo, uma noção que vai desenvolver ao longo de sua vida filosófica. Também em 1881, publica *Aurora* e trabalha na elaboração de *A gaia ciência*.

Em 1882, por intermédio de seu amigo Paul Rée[8], Nietzsche conhece, em Roma, a jovem russa Lou Salomé (1862-1937). Lou, na época com 21 anos, chamava atenção por conta de sua presença de espírito pujante e pelo seu apaixonado apetite

---

8. Paul Rée (1849-1901) foi um médico e filósofo alemão de origem judaica que, entre os anos de 1874 e 1883, cultivou uma estreita amizade com Nietzsche. Durante o período de convivência, ele compartilhou algumas das reflexões de Nietzsche acerca da "origem" da moral. Sobre esse tema, chegou a publicar o livro *Origens das impressões morais* (1877), que viria a ser criticado por Nietzsche em *Genealogia da moral*. A causa do rompimento da amizade entre os dois pensadores foi uma espécie de disputa pelo amor de Lou Salomé.

intelectual. Ela era interessada pelos mais diversos temas culturais, sobretudo em filosofia e história das religiões. O encontro entre Nietzsche, Paul Rée e Lou foi de intensa e alegre interlocução filosófica, o que marcou profundamente as impressões do filósofo acerca da jovem. Entusiasmados, os três deixam a Itália e viajam juntos à Suíça. Lá planejavam uma longa jornada de vivências, debates e estudos a três. O projeto, batizado por eles de a "santa trindade", consistiria em coabitarem a três em uma grande cidade europeia, onde frequentariam juntos universidades, bibliotecas, teatros e desfrutariam da vida cultural intensa. A convivência com Lou Salomé leva Nietzsche a se apaixonar e pedir, por duas vezes, a jovem em casamento. Lou recusa ambas as propostas. Nietzsche parece dar sinais de que se conformaria com a ideia da "santa trindade". No entanto, eles começam a se distanciar, principalmente por causa de intrigas promovidas pela irmã do filósofo.

Ainda abatido pelo rompimento com Lou, o filósofo volta a escrever. Em janeiro de 1883, no vilarejo de Portofino, na Riviera italiana, Nietzsche é tomado por uma espécie de embriaguez criativa e começa a escrever freneticamente o livro que é considerado sua obra capital, o *Assim falava Zaratustra*. Termina a primeira parte do escrito em apenas 10 dias. Em julho, volta a Sils Maria e, também em dez dias, redige a segunda parte do livro. No mesmo ritmo criativo, termina, em 1884, a terceira parte. A quarta e última parte será elaborada mais lentamente entre julho e setembro de 1884 e é publicada em maio de 1885. Vale ressaltar que cada uma das partes do *Zaratustra* possui em média 70 páginas, de um texto caracterizado por uma linguagem poética muito elaborada e por um conteúdo de extrema densidade filosófica. Nietzsche acredita que o seu *Zaratustra* será uma obra que irá marcar a cultura ocidental. Entretanto, o seu editor não compartilha desse ponto de vista e não tem pressa para publicar o texto. A impressão do livro é atrasada por conta de outros lançamentos da editora: textos de autores antissemitas e livros de cânticos religiosos. Após seis meses de espera, o filósofo vê a primeira parte ser publicada. Depois de algum tempo, a segunda e a terceira também aparecem. A quarta parte, entretanto, tem a publicação cancelada e Nietzsche custeia uma tiragem de 40 exemplares.

Entre os anos de 1885 e 1886, Nietzsche começa a vislumbrar o projeto de escrever uma grande obra em quatro volumes que seria intitulada de *Vontade de potência, tentativa de uma transvaloração dos valores*. O escrito nunca viria a ser publicado pelo filósofo. Anos mais tarde, sua irmã traz a público – sem autorização – um livro com esse título. Na verdade, trata-se da compilação de anotações do filósofo, organizadas de maneira arbitrária. Em 1886, Nietzsche publica *Para além do bem e do mal, prelúdio a uma filosofia do futuro*. No mesmo ano também redige prefácios para as obras anteriores. É nesse momento que começam a aparecer, ainda de maneira tímida, os primeiros sinais de reconhecimento à sua obra madura. O filósofo recebe, por exemplo, uma carta elogiosa do crítico e historiador da arte, Hippolyte Taine. No ano seguinte, prepara e publica *Para a genealogia da moral*, um livro que teria por objetivo ser uma espécie de complementação de *Para além do bem e do mal*.

O ano de 1888 é de intensa produção intelectual. Nietzsche publica *O caso Wagner* e *Crepúsculo dos ídolos*. Redige, ainda, *O anticristo*, *Ecce homo*, *Nietzsche contra Wagner* e *Ditirambos de Dioniso*. Em dezembro desse ano, contudo, ele passa por uma série de surtos delirantes até que, em 3 de janeiro de 1889, sofre um colapso mental na cidade de Turim. Deste dia até a sua morte, em 25 de agosto de 1900, Nietzsche ficou sob os cuidados e a tutela de sua mãe e de sua irmã. Durante mais de dez anos de insanidade, Elizabeth toma a frente do espolio intelectual do irmão e passa a publicar os livros de Nietzsche. Por vezes, as edições aparecem mutiladas ou mesmo falsificadas, como é o caso de *O anticristo* e de *Ecce homo*, dos quais foram suprimidas partes. No que se refere à *Vontade de potência* – como dissemos – o livro foi preparado por Elisabeth e publicado como sendo uma obra inédita do filósofo. Nessa época, Nietzsche começa a despertar o interesse dos leitores europeus e se torna uma celebridade intelectual. Seus textos passam a vender relativamente bem. Com os lucros dos direitos autorais, Elizabeth instala, na cidade de Weimar, os *Arquivos Nietzsche*.

O material conservado nos *Arquivos Nietzsche* foi de extrema importância para a realização do rigoroso trabalho de pesquisa e catalogação dos manuscritos de Nietzsche levado a cabo pelos filólogos italianos Giorgio Colli e Mazzimo Montinari. Estes iniciam, no final dos anos 60 do século XX, a publicação da edição crítica das obras completas do filósofo. O resultado final dessa empreitada foi lançado em duas versões: a *Kritische Gesamtausgabe (KGW)*, em 40 volumes, e a *Kritische Studienausgabe (KSA)*, versão resumida em 15 volumes. Esse material, que consiste numa ferramenta de trabalho indispensável para o pesquisador do pensamento nietzscheano, também começa a ser disponibilizado na internet pelo *Nietzsche source*, site organizado pelo pesquisador italiano Paolo D'Iorio (http://www.nietzschesource.org/).

Em 2008, um grupo de renomados pesquisadores europeus funda o Girn (*Groupe International de*

Recherches sur Nietzsche – Grupo Internacional de Investigações sobre Nietzsche). O intuito do Girn, que hoje é considerado o mais importante grupo de pesquisas acerca da filosofia de Nietzsche, foi criar um espaço permanente de diálogo multilinguístico acerca do pensamento do filósofo. Esse objetivo é levado a cabo por meio da realização de congressos periódicos que visam promover o debate entre estudiosos de diferentes países. Atualmente, o Girn é dirigido por Giuliano Campioni (Itália), Patrick Wotling (França), Werner Stegmaier (Alemanha) e Scarlett Marton (Brasil).

* * *

A fortuna crítica mais tradicional divide a obra de Nietzsche em três grandes fases, a saber, o período da juventude (por vezes chamado de pessimismo romântico); a fase intermediária (do "iluminismo" ou do "positivismo" cético) e a fase da transvaloração dos valores. Apesar de essa periodização respeitar a sequência cronológica das obras e, de fato, agrupar em cada uma das três fases alguns temas em comum, não devemos compreender essa divisão como uma determinação metodológica inflexível. Sobre o limite da periodização, podemos elencar, pelo menos, três problemas: 1) essa tripartição não foi sugerida por Nietzsche; 2) algumas das noções do pensamento nietzscheano estão presentes em todos os momentos da obra; 3) a divisão em períodos pode levar a entender a obra do filósofo ao modo de blocos separados e descontínuos. A imprecisão da tripartição da obra não nos leva, contudo, a descartá-la, pois – ressalva feita acerca do seu alcance – entendemos que ela nos oferece um norte metodológico para nossos propósitos expositivos.

O período da juventude, que vai de 1870 a 1876, concentra escritos em que é possível notar uma profunda influência da filosofia de Schopenhauer (1788-1860) e da concepção estética de Richard Wagner (1813-1883). São dessa época textos sobre a cultura grega como *O drama musical grego* (1870), *Sócrates e a tragédia* (1870), *O nascimento da tragédia no espírito da música* (1872) e *A filosofia na época trágica dos gregos* (1873). Também estão localizadas nesse primeiro período as quatro *Considerações extemporâneas* (1873-1876), pequenos textos ensaísticos – caracterizados pela polêmica – que criticam de forma mordaz as instituições culturais da Europa da segunda metade do século XIX.

O segundo período da obra de Nietzsche é caracterizado por uma tentativa de abandono das influências de Schopenhauer e Wagner. Agora, o filósofo passa a ser guiado por uma espécie de atitude "iluminista", a partir da qual ele promove uma campanha crítica contra as convicções metafísicas. Nesse momento da obra nietzscheana, podemos até mesmo identificar certa influência positivista, uma vez que a atitude científica aparece, muitas vezes, como arma dessa campanha. Também é na segunda fase que ele começa a apresentar, de maneira mais direta, as primeiras críticas à moral ocidental. *Humano, demasiado humano* (1878), *Miscelânea de opiniões e sentenças* (1879), *O andarilho e sua sombra* (1879), *Aurora* (1881) e parte de *A gaia ciência* são obras dessa fase.

Na terceira e última fase do pensamento nietzscheano, o filósofo apresenta um projeto que visa promover uma total reviravolta nos valores do Ocidente, a saber, o projeto de transvaloração dos valores. São desse período, que vai de 1882 a 1888, obras como: *Assim falava Zaratustra* (1883-1885), a quinta parte de *A gaia ciência* (1886), *Para além do bem e do mal* (1886), *Genealogia da moral* (1887), *O caso Wagner* (1888), *Crepúsculo dos ídolos* (1888), *O anticristo* (1888) e *Nietzsche contra Wagner* (1888).

Segunda Lição

As reflexões do jovem Nietzsche acerca do trágico e da tragédia grega

Durante o período de docência na Universidade de Basileia, Nietzsche publica o seu primeiro livro: *O nascimento da tragédia* (1872). Nesta obra, o então jovem professor de Filologia Clássica propõe que a tragédia ática é o resultado da conciliação de dois impulsos artísticos da natureza, a saber, o *apolíneo* – princípio plasmador responsável pela individuação dos entes – e o *dionisíaco* – princípio que provoca a perda da individualidade e leva todos os entes a tenderem a uma espécie de unidade primordial.

No contexto da mitologia grega, Apolo e Dioniso, apesar de serem irmãos por parte de pai – ambos filhos de Zeus –, são caracterizados como divindades de atributos bastante antagônicos. Na maioria das vezes, Apolo é representado como um jovem que possui um corpo atlético, o qual manifesta uma beleza simetricamente harmônica. Isto é, as partes que compõem o todo de seu corpo são ordenadas conforme uma medida que respeita rigidamente uma espécie de proporcionalidade geométrica. A sua face, via de regra serena, transmite calma, temperança e seriedade. Geralmente Apolo é apresentado segurando uma lira, instrumento que vincula o deus à música harmônica. Por vezes, o deus também aparece portando o arco e a flecha, armamentos os quais fazem lembrar que Apolo prefere o combate realizado de maneira individual e a distância. Ele é, portanto, o deus que não precisa se aproximar para matar, pois, de longe, lança flechas contra seus inimigos. A despeito de sua serenidade, Apolo age de maneira severa contra a *hybris* (desmedida) e impõe aos homens uma fronteira para os excessos. Foi assim que ele impôs, por exemplo, um limite a Níobe, mortal que desafiou os deuses e que foi fulminada pela flecha reguladora do deus. Além dos atributos descritos acima, Apolo representa, ainda, a luz do Sol que possibilita ao homem diferenciar todas as coisas e, também, a luz da razão que ilumina a obscuridade e permite ao homem distinguir o verdadeiro do falso.

Podemos afirmar, portanto, que Apolo simboliza: a sobriedade, a ordem, a harmonia, a simetria, o limite, a distância, a justa medida, a distinção, a visão clara e distinta, a separação do que é diferente e a individualidade. Nietzsche se apropria desses signos apolíneos e vai propor, a partir deles, uma espécie de cosmovisão. A beleza simétrica do corpo de Apolo e a harmonia de sua música expressariam a aparente ordem e a justa medida que parecem permear o cosmo. A luminosidade do deus evitaria uma total indistinção dos seres e, por isso, seria responsável pelo aparecimento de cada ente individual. Nesse sentido, a claridade apolínea separaria todas as coisas e impediria a perda de limites de cada ser. Apolo seria, portanto, uma espécie de princípio que promove a existência, a distinção, a separação e a individualidade de todos os entes que aparecem na natureza. Tendo isso em mente, podemos definir o conceito nietzscheano de *apolíneo* como o impulso natural responsável pela individuação de todos os entes que se fazem presentes na natureza. Desse modo, seria o impulso apolíneo que possibilitaria a aparição do mundo que é percebido pelo homem, isto é, o mundo da distinção, do limite e da individualidade. A ordem e a medida que delimitam as artes plásticas, a arquitetura e a poesia épica seriam expressões do princípio apolíneo que gera a bela aparência.

Dioniso – deus do vinho, da embriaguez e do excesso orgiástico – simboliza o fluxo contínuo da vida que constitui toda natureza. Ele representa um impulso natural que tende a unir todos os seres vivos numa espécie de organismo único. Dioniso é, nesse sentido, a vida do todo que se manifesta, por exemplo, no delírio da perda momentânea da consciência promovida pela união sexual dos seres individuais. O deus estaria, portanto, presente na procriação e na geração contínua de novos seres vivos. Por outro lado, ele também é a morte que leva à dissolução dos indivíduos para, desse modo, promover a manutenção da totalidade vivente. Exemplifiquemos: o predador devora a presa e, por consequência, destrói a vida individual desta. Todavia, a energia vital da presa continua a existir na vida do predador, até o momento em que este também é devorado, ocasião na qual o fluxo eterno da energia vital ganha continuidade em um terceiro ser vivo. Conforme esse exemplo, a morte que dissolve o indivíduo é justamente o que mantém o ciclo interminável da vida. Em suma, Dioniso é a vida perpétua do todo que se alimenta da morte das suas partes.

Dioniso se caracteriza ainda como a expressão da dubiedade, da contradição e da ausência de distinção que permeiam a totalidade da vida. Nesse sentido, a divindade simboliza o ciclo da vida que é, ao mesmo tempo, dor e alegria, feminilidade e masculinidade, vida e morte. Por esse motivo, Dioniso é muitas vezes representado como uma figura andrógina que cavalga uma pantera, animal de beleza encantadora e, ao mesmo tempo, uma fera mortífera. Ele aparece, ainda, em forma de criança, de louco e como uma figura obesa que se banqueteia excessivamente – as três representações ligadas à ausência de norma, consciência e limite. Levando em conta essa caracterização de Dioniso, podemos compreender por que ele é o deus do vinho e da embriaguez. O vinho leva à embriaguez, estado de perda momentânea da consciência e da deformação da personalidade. Na direção contrária de Apolo, Dioniso pretende dissolver a distinção do indivíduo e levá-lo a uma união com a totalidade da natureza.

Neste ponto, fica claro o significado do conceito nietzscheano do *dionisíaco* como uma espécie de impulso de ruptura das fronteiras individuais e, ao mesmo tempo, como um movimento de aderência mística à unidade primordial do todo. O dionisíaco diz respeito, pois, à falta de limite das unidades singulares e ao impulso que tende levá-las a uma total mistura indistinta. Ele é caracterizado por um sentimento ambíguo, pois consiste no horror provocado pela destruição do indivíduo e, ao mesmo tempo, pelo êxtase da reconciliação mística com a natureza. No entender de Nietzsche, esse impulso é o princípio das artes que se caracterizam pela ausência de plasticidade e visualidade, como, por exemplo, o canto uníssono do coro e a música percussiva e inebriante.

Considerando-se os conceitos aqui apresentados, é pertinente questionar: De que maneira a tragédia antiga constituiria na conciliação desses dois impulsos tão díspares? Vejamos. Nietzsche propõe uma interpretação acerca da cultura grega antiga, tendo como pano de fundo conceitual a tese de que a história dessa cultura é o resultado de uma espécie de disputa cósmica entre os impulsos apolíneo e dionisíaco. Em cada momento dessa história, teríamos alternadamente a prevalência de um dos dois impulsos em questão. Na Idade do Bronze, por exemplo, teríamos o domínio da pulsão dionisíaca. O período homérico, por outro lado, seria caracterizado pelo impulso apolíneo, observável na produção da epopeia. Todavia, essa sucessão de fases, em que cada princípio assume momentaneamente a primazia, teria desembocado na *idade trágica dos gregos*. Nesse período, algo diferente teria acontecido, visto que essa *idade trágica dos gregos* se caracterizaria como o momento de conciliação entre o apolíneo e o dionisíaco.

A tragédia grega – forma de arte distintiva dessa fase – consistiria, justamente, na manifestação artística que expressaria essa aliança cósmica. Isso porque a tragédia seria constituída pela união de elementos característicos das artes apolíneas e dionisíacas: a música, a dança e o canto uníssono do coro seriam os elementos dionisíacos, enquanto que o diálogo e a individualização do personagem constituiriam o caráter apolíneo na tragédia.

Na verdade, Nietzsche defende que a tragédia deriva de um coro primitivo que, originalmente, representava o cortejo dionisíaco dos sátiros – seres híbridos seguidores de Dioniso. Nessa espécie de estágio pré-histórico da tragédia, haveria apenas o canto extático e uníssono em homenagem ao deus: "Originalmente a tragédia é só 'coro' e não 'drama'" (GT/NT, § 8). A tragédia propriamente dita só teria sido engendrada quando esse elemento dionisíaco primitivo passa a ser transposto em formas apolíneas. Ou seja, no momento em que o culto a Dioniso também toma a forma de personagens e de diálogos. Em outras palavras, a tragédia seria o impulso dionisíaco do êxtase e da desmedida traduzido em belas imagens apolíneas (cf. GT/NT, § 8).

Levando em conta o que dissemos acima, é preciso ter em mente que, quando Nietzsche fala sobre a tragédia grega, ele não visa simplesmente a desenvolver uma análise restrita ao campo da especulação estética, uma vez que a tragédia não consistiria numa mera categoria dramática entre as outras. A tragédia seria uma espécie de expressão metafísica dos impulsos primários que constituem a natureza. Em outros termos, a tragédia seria o meio através do qual o homem poderia contemplar o desvelamento da efetividade e experimentar um sentimento de união cósmica com ela, isto é, o *sentimento trágico*. Acompanhemos o raciocínio.

Influenciado pelo pensamento de Schopenhauer (1788-1860), Nietzsche desenvolve sua reflexão acerca do trágico a partir de uma espécie de dualismo metafísico. De um lado, haveria uma esfera fenomênica, aparente, destrutível e mutável – esta caracterizada pelo surgimento e perecimento dos seres individuais. De outro lado, haveria um âmbito "mais profundo", verdadeiro, indestrutível e permanente – este caracterizado pela vida eterna do "ser primordial". O primeiro âmbito seria fruto do impulso apolíneo e o segundo seria o próprio ser primordial, ao qual tendem todas as coisas impulsionadas pelo impulso dionisíaco.

Nietzsche defende que a tragédia grega teria o poder de produzir um êxtase que levaria o "espectador" a escapar momentaneamente do "âmbito ilusório" do vir-a-ser e fundir-se, por instantes, ao ser primordial. Essa união produziria, por sua vez, uma alegria dionisíaca que serviria como um "consolo metafísico" frente à visão do perecer fenomênico. Dito de outro modo, o êxtase proporcionado pela tragédia mostraria que, por detrás de todo perecer dos casos individuais, haveria um eterno ser vivente com o qual o homem poderia alegremente se consolar[9].

---

9. Cf., p. ex.: o "consolo metafísico – com que [...] toda a verdadeira tragédia nos deixa – de que a vida, no fundo das coisas, apesar de toda mudança das aparências fenomenais, é indestrutivelmente poderosa e cheia de alegria" (GT/NT, § 7).

Seria por poder desvelar a existência de um âmbito indestrutível que se localiza por detrás do vir-a-ser dos casos individuais que a tragédia seria capaz de produzir um efeito consolador, qual seja, o efeito trágico. A tragédia mostraria que, além da vida que perece, há uma vida eterna: a "tragédia, com o seu consolo metafísico, aponta para a vida perene" (GT/NT, § 8). Ora, nesse contexto, a alegria dionisíaca do consolo metafísico só teria sentido porque ela possui como fundamento um dualismo – aparência *versus* ser primordial. Tanto é assim que, na seção § 17, Nietzsche afirma que essa alegria proporcionada pela arte dionisíaca deveria ser buscada por trás das aparências, ou seja, no contato extático com o ser primordial:

> a arte dionisíaca quer nos convencer do eterno prazer da existência: só não devemos procurar esse prazer nas aparências, mas por trás delas. Cumpre-nos reconhecer que tudo quanto nasce precisa estar pronto para um doloroso acaso; [...] não devemos todavia estarrecer-nos: um consolo metafísico nos arranca momentaneamente da engrenagem das figuras mutantes. Nós mesmos somos realmente, por breves instantes, o ser primordial e sentimos o seu indomável desejo e prazer de existir (GT/NT, §17).

O jovem Nietzsche entende, portanto, o trágico como uma espécie de efeito tonificante gerado pela tragédia antiga. Um efeito que levaria o homem grego a afirmar a vida apesar de todo sofrimento e perecimento. Enfim, a tragédia permitiria ao homem acolher a dor e a morte que permeiam o mundo aparente, uma vez que, apesar do aniquilamento dos entes individuais, saber-se-ia que a vida do ser eterno continuaria intocada. Nietzsche defende, contudo, que, no final do século V a.C., esta cultura trágica de afirmação da vida teria começado a entrar em declínio. Na ótica do filósofo alemão, Sócrates seria o grande responsável por essa decadência do trágico, uma vez que sua filosofia teria exercido uma influência nefasta sobre a mentalidade da população ateniense e, principalmente, sobre o terceiro grande autor de tragédia do mundo grego, Eurípedes.

No entender de Nietzsche, a filosofia de Sócrates teria abafado o elemento do êxtase e da embriaguez dionisíaca presente na tragédia. Isso porque o pensamento do filósofo ateniense seria constituído por um otimismo racionalista que defendia a tese de que o homem seria capaz de desvendar e explicar as causas primeiras do ser por meio da linguagem racional. Caracterizado como um entusiasta dos poderes da razão, Sócrates almejava afastar do discurso humano qualquer elemento que estivesse relacionado ao êxtase dionisíaco. Em ouros termos, todo *logos* digno de crédito deveria seguir o caminho da serenidade racional e evitar as influências dos impulsos de embriaguez. Essa visão de mundo teria influenciado Eurípedes: "A divindade, que falava por sua boca [boca de Eurípedes], não era Dioniso, tampouco Apolo, porém um demônio de recentíssimo nascimento, chamado SÓCRATES" (GT/NT, § 12).

Na ótica de Nietzsche, o tragediógrafo teria passado a produzir uma obra racionalizada em que o elemento dionisíaco – indispensável na produção do sentimento trágico – teria sido abafado. Um exemplo dessa influência socrática em Eurípedes seria a exclusão do coro de boa parte de suas tragédias. Ora, para o filósofo, retirar o coro significa extirpar da tragédia um elemento musical primordialmente dionisíaco e, por consequência, erradicar o trágico da própria tragédia. "Contaminado" pelos padrões estéticos do suposto racionalismo socrático, Eurípedes teria assumido para si a tese de que "tudo deve ser inteligível para ser belo" (GT/NT, § 12). Uma consequência desse novo posicionamento estético poderia ser constatada nos enredos da tragédia de Eurípedes, pois esses seriam caracterizados pela preocupação em expor diálogos claros e extremamente racionalizados. Esse cuidado com a clareza e a racionalidade do enredo poderia ser percebido, por exemplo, nos prólogos das tragédias euripedeanas que se distinguiriam pela tentativa de explicação do próprio enredo (cf. GT/NT, § 12)[10].

Apesar de a razão socrática ter supostamente assassinado o verdadeiro espírito trágico da Grécia antiga, esse espírito teria renascido em pleno século XIX com o surgimento da música de Richard Wagner (1813-1883). Esta é mais uma tese que Nietzsche sustenta em *O nascimento da tragédia*. Na ótica do filósofo, a música do compositor alemão – que também foi influenciado pelas ideias de Schopenhauer – teria o poder de engendrar aquele mesmo sentimento produzido pela tragédia ática e, com isso, promover um redespertar de uma cultura trágica em plena Europa do século XIX.

---

10. É bem verdade que Nietzsche defende que a tragédia *As bacantes* seria uma exceção a essa regra.

Terceira lição

A noção nietzscheana da morte de Deus

Na seção 125 de *A gaia ciência*, Nietzsche anuncia a morte de Deus pela boca de um dos seus personagens, *o homem louco*: "Deus está morto! [...] O mais forte e mais sagrado que o mundo até então possuíra sangrou inteiro sobre nossos punhais" (FW/GC, § 125). Na verdade, a noção da *morte de Deus* é provavelmente um dos temas mais polêmicos e controvertidos do pensamento nietzscheano. Nesse sentido, no intuito de desfazer alguns mal-entendidos recorrentes e também de lançar luz sobre a questão, tentaremos responder a algumas interrogações preliminares: 1) se Deus é um ente eterno, como poderia Ele morrer?; 2) Será que Nietzsche se autoproclama o assassino de Deus?; 3) Por que Nietzsche não utiliza a proposição "Deus não existe", ao invés de proclamar: "Deus está morto"?; 4) O que Nietzsche entende por Deus?

Comecemos por responder a última indagação. No entender do filósofo, Deus consiste numa noção inventada pelo homem que, num determinado momento da história, teria passado a constituir o princípio de fundamentação moral da civilização ocidental. Todavia, essa noção teria começado a perder o crédito por conta do desdobramento histórico da própria civilização ocidental. Ora, com essa definição, também temos as respostas para as duas primeiras questões. Se Deus é apenas uma noção concebida pelo homem, então ela teve uma data de nascimento e também *poderia chegar a óbito em algum momento*. Por outro lado, se a morte de Deus é resultado do desdobramento da história do Ocidente, então *Nietzsche não pode ser considerado o único assassino de Deus*, já que esse "crime" deve ser imputado a toda civilização ocidental.

Quanto à terceira questão, devemos ter em mente que a preocupação de Nietzsche em relação a Deus não consiste numa questão teorética acerca de sua existência. Ou seja, o objetivo do filósofo não é propor um novo debate metafísico sobre a realidade do ente sagrado e eterno da tradição judaico-cristã. Portanto, o pensamento nietzscheano não deve ser compreendido como uma espécie de escolástica invertida que tenta refutar, a todo custo, a noção de Deus. No entender de Nietzsche, a inexistência de Deus não precisaria ser provada, pois a descrença em massa seria um resultado necessário do desdobramento histórico do Ocidente. Aqui, entretanto, uma questão adicional vem à tona: O que teria, contudo, provocado o "advento" da morte de Deus? Isto é, o que houve na história do Ocidente que teria levado os fundamentos morais até então vigentes ao declínio e à dissolução? Vejamos.

Na ótica de Nietzsche, a mentalidade científica da Modernidade herdou do cristianismo uma espécie de preconceito moral, que impele o homem de ciência ao compromisso ético com a veracidade. Em outras palavras, o cientista moderno entende que é seu dever aceitar de maneira inflexível os resultados "objetivos" apresentados pelos fatos científicos, mesmo que esses fatos venham a contrariar seus interesses e crenças pessoais. A probidade intelectual teria, portanto, se transformado – de maneira inconsciente – numa virtude constitutiva da maneira de ser do cientista. Essa exigência moral para com a verdade teria provocado, contudo, uma contradição incontornável. No entender de Nietzsche, afirmar a existência do principal fundamento da moral cristã – isto é, Deus – em plena contemporaneidade seria contrariar a própria cobrança de honestidade intelectual imposta pela consciência científica. Dito de outra forma, não seria probo continuar afirmando tranquilamente a existência de um Deus transcendente à natureza e, ao mesmo tempo, acolher os resultados da ciência moderna.

Levando em conta que a mentalidade cientificista teria passado a permear o imaginário ocidental de maneira decisiva, essa incongruência entre

Deus e ciência teria levado o Ocidente a uma espécie de colapso. Isso porque a exigência de obediência moral à verdade se voltaria contra o próprio fundamento da moral ocidental, a saber, a fé no Deus cristão. O "dogmatismo moral cristão" teria, portanto, perecido pela justeza para com a verdade que é demandada pela própria moral cristã. Logo, a "apavorante *catástrofe*" (GM/GM III, § 27) da moral ocidental teria sido fruto de uma "educação para a verdade que dura dois milênios" (§ 27) e "que por fim se proíbe *a mentira de crer em Deus*" (§ 27). É justamente pensando dessa maneira que, em dois fragmentos póstumos de 1882, Nietzsche afirma: "Deus matou Deus" (Nachlass/FP, 10.30, 1 [75], julho-agosto de 1882) e "última consequência da moral = a moral deve negar a si própria" (Nachlass/FP, 10.44, 2 [5], verão-outono de 1882). Enfim, o desenrolar histórico da civilização ocidental teria provocado, catastroficamente, a dissolução dos próprios alicerces morais dessa mesma civilização.

Podemos constatar, portanto, que, nesse contexto, a principal preocupação do filósofo gira em torno das implicações morais trazidas pela perda de crédito na noção de Deus. Em outros termos, a morte de Deus só constitui um problema para Nietzsche porque ela consiste na supressão da suprema referência moral da civilização ocidental. A esse respeito, escutemos o que o *Homem louco* tem a dizer:

> Não ouviram falar daquele homem louco que em plena manhã acendeu uma lanterna e correu ao mercado, e pôs-se a gritar incessantemente: "Procuro Deus! Procuro Deus!"? – E como lá se encontrassem muitos daqueles que não criam em Deus, ele despertou com isso uma grande gargalhada. [...] gritavam e riam uns para os outros. O homem louco se lançou no meio deles e trespassou-os com seu olhar. "Para onde foi Deus?", gritou ele, "já lhes direi! Nós o matamos – vocês e eu. Somos todos seus assassinos! [...] Como conseguimos beber inteiramente o mar? Quem nos deu a esponja para apagar o horizonte? Que fizemos nós, ao desatar a terra do seu sol? Para onde se move ela agora? Para onde nos movemos nós? Para longe de todos os sóis? Não caímos continuamente? Para trás, para todos os lados, para a frente, em todas as direções? Existem ainda um 'em cima' e 'embaixo'? Não vagamos como que através de um nada infinito? Não sentimos na pele o sopro do vácuo? [...]" (FW/GC, § 125).

É significativo que o *Homem louco* divulgue sua "boa-nova invertida" aos ateus e não aos crentes. Isso porque o referido personagem não almeja converter os seus ouvintes ao ateísmo. Os homens do mercado, filhos da Modernidade *ilustrada* pela ciência, já são descrentes – Deus é para eles um tema que provoca risos. Todavia, esses homens ainda não atinaram acerca da consequência trazida por esse "advento", isto é, o esvaziamento moral, o *niilismo*. Por esse motivo, mesmo vivendo numa época *iluminada pelas luzes* da ciência, esses ateístas ainda precisam do *facho de luz da lanterna* do Homem louco para poderem enxergar o problema moral produzido pelos desdobramentos históricos da própria razão *esclarecida*.

Tendo em mente o que foi colocado acima, propomos mais uma questão: por que a morte de Deus levaria o Ocidente a uma falência moral? No entender de Nietzsche, os valores morais do Ocidente – enraizados, sobretudo, na tradição cristã – são norteados por meio da fé em um Deus transcendente e onisciente que, a todo momento, vigiaria e julgaria as ações morais de cada ser humano. Esse julgamento moral da existência terrestre determinaria o destino dos homens na vida além-túmulo. Os bons receberiam a glória de viver eternamente no Reino de Deus, enquanto os maus seriam condenados ao sofrimento eterno. Por essa ótica, a crença em Deus aparece como um elemento fundamental para a sustentação da moral ocidental. É justamente tendo isso em mente que Nietzsche afirma: A "moral cristã [tem] origem [...] transcendente; [...] ela tem verdade apenas se Deus for verdade – ela se sustenta ou cai com a fé em Deus" (GD/CI. *Incursões de um extemporâneo*, § 5).

Nesse sentido, a descoberta do "fato de que 'Deus está morto', de que a crença no Deus cristão perdeu o crédito" (FW/GC, § 343), faria desmoronar tudo que "estava sobre ela construído, nela apoiado, nela arraigado: toda a nossa moral europeia por exemplo" (FW/GC, § 343). Agora que Deus estaria morto, qual seria o "horizonte" moral da civilização ocidental? Se Deus foi "desatado da terra" e deixou de ser o centro de gravidade da moralidade ocidental, o que vai determinar o que é o bem e o que é o mal? O que poderia, a partir de agora, guiar as ações morais dos homens? "Não sentimos na pele o sopro do vácuo?" (FW/GC, § 125). Em suma, a morte de Deus provocaria a perda de autoridade reguladora dos antigos valores e, por isso, traria à tona o problema do *niilismo*.

Todavia, no contexto do pensamento nietzscheano, o *niilismo* denota ainda outro problema, a saber, o sentimento de falta de sentido provocado pela falência das significações oferecidas pelos fundamentos da antiga moral. Em outras palavras, a tomada de consciência acerca da "inexistência" do além-vida poderia produzir no homem ocidental um estado de espírito caracterizado pela ausência de significado para a existência terrena. Ora, uma civilização que, até então, pautava a vida terrena pela esperança de uma salvação no além e passa, repentinamente, a um estado de desesperança acerca dessa redenção poderia precipitar-se num estado de total desânimo frente à existência neste mundo.

A questão nietzscheana da morte de Deus não se resume, entretanto, a essa advertência acerca do perigo de esvaziamento das referências de valor e da perda de significado para existência. Na verdade, no entender de Nietzsche, o niilismo moral não consiste apenas num problema, mas também na possibilidade de implementação de novos valores. Dito de outra maneira, o niilismo seria um momento necessário à realização do projeto de transvaloração dos valores, isto é, o projeto que visa promover uma total reviravolta nos valores ocidentais e oferecer à existência terrena um novo sentido. Examinemos as palavras finais do aforismo 343 de *A gaia ciência*:

> ante a notícia de que "o velho Deus morreu" nos sentimos como iluminados por uma nova aurora; nosso coração transborda de gratidão, espanto, pressentimento, expectativa – enfim o horizonte nos aparece novamente livre, embora não esteja limpo, enfim os nossos barcos podem novamente zarpar ao encontro de todo perigo, novamente é permitida toda a ousadia de quem busca o conhecimento, o mar, o *nosso* mar, está novamente aberto, e provavelmente nunca houve tanto "mar aberto" (FW/GC, § 343).

Ora, se, por um lado, a desintegração do supremo referencial moral pode levar o Ocidente ao niilismo, por outro lado, também permite que "o horizonte nos apareça novamente livre" para a edificação de um novo referencial. Nesse sentido, a morte de Deus – e o niilismo dela decorrente – possibilitaria uma mudança de significado na maneira de encarar e valorar a existência terrestre. Examinemos a conclamação do *alter ego* de Nietzsche, o Zaratustra:

> Eu vos imploro, irmãos, *permanecei fiéis à terra* e não acrediteis nos que vos falam de esperanças supraterrenas! [...] Uma vez a ofensa a Deus era a maior das ofensas, mas Deus morreu, e com isso morreram todos os seus ofensores. Ofender a terra é agora o que há de mais terrível (Za/ZA I. *Prólogo de Zaratustra*, § 3).

Enfim, no entender de Nietzsche, a morte de Deus não apenas levaria o homem ocidental a desacreditar na possibilidade de uma vida transcendente, mas também passa a autorizá-lo a viver a existência terrena tendo como referencial a própria existência terrena.

Quarta Lição

O procedimento genealógico

Em *Genealogia da moral*, Nietzsche apresenta o *procedimento genealógico* como uma espécie de "método" de análise crítica sobre a procedência e a legitimidade dos valores morais. O posicionamento histórico acerca da gênese e do estatuto de valor da própria moral consiste, portanto, numa espécie de premissa norteadora da proposta metodológica do filósofo. Em outras palavras, Nietzsche toma como ponto de partida de seu procedimento genealógico a tese de que os juízos de valor não estão assentados numa espécie de âmbito intocável e atemporal, mas teriam sido criados pelo homem, numa determinada época e a partir de uma perspectiva específica. Nesse sentido, podemos afirmar que o procedimento genealógico vai numa direção oposta em relação à tradição metafísico-religiosa, que, em geral, considera os valores morais como sendo eternos, imutáveis, universais e absolutos[11].

---

11. Cf.: "Em verdade, eu vos digo: bem e mal que sejam perenes – isso não existe!" (Za/ZA II. *Da superação de si mesmo*).

Partindo desse pressuposto histórico, o filósofo vai então propor-nos uma dupla tarefa genealógica, a saber: 1) indagar acerca da proveniência histórica dos valores morais, buscando revelar a partir de que perspectivas tais valores foram gerados e 2) avaliar os próprios valores por elas produzidos. Já no prólogo de *Genealogia da moral*, Nietzsche deixa claro que, para levar a cabo o seu procedimento genealógico, é necessário percorrer um caminho que se inicia pela execução da primeira tarefa, isto é, o exame acerca das condições históricas que teriam engendrado os valores. Tendo isso em mente, o filósofo nos propõe as seguintes questões preliminares: *De que forma os paradigmas morais teriam sido gerados? Por que povos? Em que época? Em que condições se desenvolveram e se modificaram?* Responder a essas indagações constituiria, portanto, uma exigência primeira em relação a qualquer possibilidade de efetivação da segunda tarefa do procedimento genealógico, isto é, a avaliação dos valores morais:

> Enunciemo-la, esta *nova exigência*: necessitamos de uma crítica dos valores morais, *o próprio valor destes valores deverá ser colocado em questão* – para isto é necessário um conhecimento das condições e circunstâncias nas quais nasceram, sob as quais se desenvolveram e se modificaram (GM/GM. *Prólogo*, § 6).

Conhecendo-se o solo histórico a partir do qual os valores foram gerados, poder-se-ia efetuar um juízo de valor acerca da perspectiva avaliadora que veio a engendrá-los e, por consequência, julgar os próprios valores por ela instituídos. Contudo, para efetivar esse julgamento, Nietzsche precisaria dispor de uma nova referência avaliativa. Essa referência deveria servir como novo critério avaliador e teria de se localizar "além" das antigas referências que norteiam as perspectivas morais a serem avaliadas. Em outros termos, a avaliação acerca dos valores não poderia ser orientada pelos próprios valores da moral a ser avaliada, pois, nesse caso, estaríamos ainda enredados nos critérios avaliativos da moral em questão. Para avaliar, por exemplo, os valores de "bom" e de "mau" de uma determinada perspectiva moral, seria necessário uma referência de valor que se colocasse além deste "bom" e deste "mau". É então, procurando um âmbito que escapasse dos domínios da moral, que Nietzsche vai encontrar esse novo referencial no registro *fisiológico*. A nova referência que será utilizada para avaliar a moral será o nível de *saúde* do tipo de vida que produz determinados valores morais. É sempre bom lembrar que "vida", no contexto nietzscheano, deve ser compreendida como vida corpórea, ou seja, vida imanente ao mundo terreno. Aqui não há espaço para se pensar numa vida que estivesse além do corpo e do mundo terreno.

Em *Crepúsculo dos ídolos*, Nietzsche vai então dizer que a vida seria o ponto de partida de toda e qualquer possibilidade de avaliação moral, pois quem cria a moral sempre é, obviamente, um determinado tipo de vivente. Todavia, o filósofo afirma que os viventes não criam valores de maneira uniforme, pois existiriam, basicamente, dois tipos de valores que são engendrados por duas formas de vida antagônicas. Por um lado, teríamos uma forma de vida que se autoafirma enquanto vida/corpo. Por conta desse seu modo de ser, este tipo de vida geraria valores que afirmam e exaltam a vida. Por outro lado, haveria uma forma de vida que nega a si própria e que, por conseguinte, criaria valores que depõem contra a vida. Nietzsche vai *diagnosticar* o primeiro caso da seguinte maneira: a forma de valorar que exalta e afirma a vida expressa um *sintoma* de uma forma de vida *saudável*. Isso porque os valores produzidos por essa perspectiva expressariam, no âmbito cultural, o modo de ser de uma vida que se afirma enquanto vida. Contrariamente, os valores que propõem a negação da vida configurar-se-iam como uma expressão *sintomática* de um tipo de vida *doente* que está submetida a um desejo de perecimento do próprio corpo. Esse anseio por desintegrar-se desencadearia, por sua vez, um processo de autodegeneração chamado por Nietzsche de *décadence*.

Ao utilizarmos os termos "fisiologia", "sintoma", "saúde" e "doença" devemos estar atentos à subversão semântica à qual eles estão submetidos dentro do contexto nietzscheano. "Doença", por exemplo, não é entendido, aqui, no sentido habitual – não é a enfermidade propriamente dita. Isso porque a doença a que Nietzsche se refere consiste numa espécie de disposição fisiológica de negação da própria vida corpórea: "Foram os doentes e moribundos que desprezaram corpo e terra" (Za/ZA I. *Dos trasmundanos*). Em outras palavras, a doença ocorreria quando um "corpo [...] desespera do corpo" (*Dos trasmundanos*). Inversamente, mas no mesmo contexto semântico, saúde seria a expressão da afirmação da vida corpórea pela própria vida corpórea. Inclusive, ao subverter os sentidos usuais desses termos, Nietzsche vai afirmar que a doença, na acepção tradicional, poderia até servir como ferramenta de expressão de uma saúde maior: "Para alguém tipicamente são [...] o estar enfermo pode ser até um energético estimulante ao viver, ao mais viver" (EH/EH. *Por que sou tão sábio*, § 2). Contudo, para que a doença – no sentido tradicional – possa se converter num "estimulante da vida [...] é preciso ser sadio o bastante [no significado nietzscheano] para esse estimulante!" (WA/CW, § 5).

Se levarmos em conta essas acepções acerca de "saúde" e "doença" e também lembrarmos que

Nietzsche compreende os valores morais como sendo frutos de avaliações de um tipo de vida específico, poderíamos dizer que a avaliação nietzscheana acerca de uma determinada moral seria, na verdade, um exame dos *sintomas* que se revelam a partir das relações que essa moral estabelece com a própria vida: "Moral é apenas [...] sintomatologia" (GD/CI *Os "melhoradores" da humanidade*, § 1). Ao eleger a *saúde* como novo referencial, o filósofo entende, por exemplo, ser legítimo afirmar que toda "moral sadia [...] é dominada por um instinto de vida [...]" (GD/CI. *Moral como antinatureza*, § 4) e que a moral doente "[...] volta-se, pelo contrário, justamente contra os instintos da vida" (§ 4). Em suma, Nietzsche acredita que, através desse "método clínico", ele poderia *diagnosticar* as diferentes perspectivas que produziram as morais e, por consequência, avaliar os valores por elas engendrados.

É então, utilizando esse seu procedimento sintomatológico, que Nietzsche vai finalmente poder avaliar os tipos de valores morais que teriam existido efetivamente na história. Em *Genealogia da moral*, por exemplo, ele usa esse procedimento para examinar a dicotomia ocidental entre os valores "bom *versus* mal". Considerando esses referenciais como criações de um determinado tipo de vida humana, o filósofo questiona até que ponto eles têm sido *salutares* à nossa cultura. Isto é, será que os valores da moral do Ocidente têm servido para o engrandecimento da vida? Ou será que esses valores não teriam efetivado exatamente o contrário, ou seja, degradado a vida?

> Sob que condições o homem inventou para si os juízos de valor "bom" e "mau"? E que valor têm eles? Obstruíram ou promoveram até agora o crescimento do homem? São indícios de miséria, empobrecimento, degeneração da vida? Ou, ao contrário, revela-se neles a plenitude, a força, a vontade de vida, sua coragem, sua certeza, seu futuro? (GM/GM. *Prólogo*, § 3).

Nietzsche vai propor a hipótese de que, no desenrolar da história ocidental, teriam existido dois modos de valorar diferentes, os quais teriam produzido, efetivamente, dois conjuntos de valores distintos. Num primeiro plano, haveria um modo de valorar *nobre* que refletiria aquele modo de vida saudável. Essa nobreza – que não pode ser identificada, de maneira absoluta, com uma aristocracia de classe socioeconômica – poderia ser localizada em diferentes períodos históricos: ela se expressaria, por exemplo, nas figuras da aristocracia guerreira da Grécia homérica, nos membros da classe guerreira de Roma, na nobreza árabe e até mesmo na japonesa. De acordo com o filósofo, esses nobres teriam atribuído, para si, o valor "bom". Essa autoatribuição seria consequência da valorização das suas próprias virtudes: o vigor, a exuberância, a força, a beleza, o poder, a vitalidade etc. Portanto, na perspectiva dos nobres, os *bons* seriam eles próprios, isto é, os fortes, os belos, os poderosos etc. Se a valoração do nobre teve como ponto de partida o próprio nobre e a autoafirmação de sua *vitalidade*, por outro lado, esses mesmos nobres/bons teriam designado como *ruins* todos os que não dizem respeito à sua nobreza: o plebeu, o comum, o baixo, o fraco, o covarde, o doente etc.[12] O julgamento acerca do "ruim" seria, então, uma avaliação secundária decorrente de uma primeira autoavaliação afirmativa. *Ruim* seria tudo aquilo que não se identificasse com os bons/nobres.

Contudo, além dessa maneira nobre de valorar, teríamos também um modo oposto de criar valores, a saber, o modo dos que foram oprimidos e desvalorizados pelos nobres, ou seja, os escravos/doentes negadores da vida exuberante. Esse ponto de vista escravo – segundo Nietzsche, caracterizado

---

12. É necessário alertar que os termos "fortes" e "fracos", "nobres" e "plebeus" não devem ser compreendidos como uma espécie de essência metafísica, mas como tipos paradigmáticos que servem como ferramenta metodológica para avaliar o processo de criação de valores de um determinado povo, num momento histórico específico. Em outras palavras, "ser fraco" não consiste numa determinação essencial de um povo. Contudo, determinados valores criados por um povo, num momento histórico específico, expressariam a fraqueza da maneira de valorar deste povo, nesta época.

pela *décadence*, fraqueza, impotência, covardia e enfermidade – teria criado um conjunto de valores invertidos em relação aos valores dos nobres. Em outros termos, o que foi considerado virtude pelos nobres, passou a ser concebido como vício na moral escrava. Para o escravo, o *bom* seria o fraco, o sofredor, o doente, o humilde; enquanto que o forte, o dominador, o poderoso seria o *mau*. Nosso filósofo, entretanto, não considera que esse modo escravo de valorar constituir-se-ia como uma simples inversão inocente. Se, por um lado, a moral dos nobres teria nascido de uma autoafirmação espontânea, a moral dos escravos, por outro lado, teria se originado a partir do *ressentimento* – este entendido como uma espécie de ódio, fruto da invídia e da impotência dos escravos *décadents* em relação aos nobres. Por serem incapazes, fracos e impotentes frente à opressão dos nobres, os escravos teriam criado uma moral invertida que serviu como um instrumento para efetivar uma vingança imaginária contra os nobres: "A incapacidade de resistência torna-se aí moral" (AC/AC, § 29).

Levando em conta esse caráter *revanchista* de ressentimento, podemos afirmar que, enquanto "toda moral nobre nasce de um triunfante Sim a si mesma" (GM/GM I, § 10), a moral escrava, já de início, "diz Não a um 'fora', um 'outro', um 'não eu' – e este Não é seu ato criador" (GM/GM

I, § 10). Dito de outra forma, o escravo não engendra seus valores a partir de uma afirmação de suas próprias qualidades, mas sim através da negação ressentida das qualidades de seu opressor: "Esta inversão do olhar que estabelece valores – este necessário dirigir-se para fora, em vez de voltar-se para si – é algo próprio do ressentimento [...] sua ação é no fundo reação" (GM/GM I, § 10). Com os nobres, aconteceria o movimento inverso, pois sua valoração "cresce espontaneamente" de uma afirmação de si próprio. O nobre buscaria "o seu oposto apenas para dizer Sim a si mesmo [...] – seu conceito negativo, o baixo, comum, ruim, é apenas uma imagem de contraste, pálida e posterior, em relação ao conceito básico, positivo, inteiramente perpassado de vida e paixão, 'nós os nobres, nós, os bons, os belos, os felizes'" (GM/GM I, § 10).

É justamente fazendo uso do procedimento genealógico que Nietzsche vai realizar uma crítica contundente à moral ocidental, pois defende que os valores balizadores da nossa civilização foram instituídos a partir de uma perspectiva ressentida que tem promovido a *décadence*. Passemos à próxima lição para tratar desse tema.

Quinta lição

A crítica à moral ocidental

Ao examinar a origem e o desenvolvimento histórico dos valores ocidentais, Nietzsche chega à conclusão de que os fundamentos morais que têm norteado o Ocidente foram engendrados a partir de uma perspectiva negadora da vida e do mundo terreno. Como teria, contudo, se desenrolado a história dessa moral? O que teria levado a civilização ocidental ao que Nietzsche chama de *décadence*?

Sabe-se que a moral ocidental está enraizada na tradição cristã e que esta, por sua vez, descende do judaísmo. Ora, uma parte considerável da história da tradição judaica se desenvolveu no contexto da escravidão – o povo hebreu foi escravizado pelos egípcios, babilônicos, romanos etc. No entender de Nietzsche, esse dado histórico é fundamental para compreendermos a procedência genealógica dos valores morais do Ocidente, uma vez que o ambiente de tensão entre o povo escravizado e os seus senhores teria constituído o solo fértil a partir do qual esses valores teriam brotado. Oprimidos pela escravidão e impotentes para realizar uma reação imediata, os judeus teriam promovido uma espécie de revolta moral com o objetivo de obterem uma vingança – mesmo que imaginária – contra os seus senhores (cf. AC/AC, § 24; GM/GM I, § 7). Para levar a cabo sua revanche simbólica, os sacerdotes judeus teriam criado uma moral em que seus opressores passaram a ser estigmatizados como sendo *os maus*, enquanto que os judeus, os oprimidos, teriam sido qualificados como sendo *os bons*. Por meio de um artifício moral, os sacerdotes judeus teriam, portanto, identificado, de forma mendaz, o poder de dominação, a força opressora e a virilidade dos senhores a vícios como a crueldade e a perversão. Por outro lado, a impotência dos escravos frente à opressão teria se convertido na virtude da resignação e paciência.

Na ótica de Nietzsche, a tradição judaica passou, portanto, a ser norteada por uma moral constituída por valores que negavam as qualidades viris dos senhores e, ao mesmo tempo, afirmava os atributos resignados dos escravos. Para dar legitimidade a essa moral, os sacerdotes tiveram de se apoiar na ideia da vingança divina. Isto é, a moral judaica teria sido sustentada pela promessa de que, num momento vindouro, Deus libertaria os escravos e vingaria toda dor aturada por eles até então.

Essa esperança de desforra teria, por sua vez, majorado o sentimento de resignação nos judeus, pois a expectativa de, um dia, inverter os papéis em relação aos seus opressores deu-lhes um alento para suportar pacientemente seus sofrimentos[13]. É justamente nesse desejo de reviravolta vingativa que Nietzsche entende ter encontrado a disposição afetiva fundamental da moral ocidental, a saber, o *ressentimento*. A invídia e o ódio reprimido seriam, portanto, os sentimentos a partir dos quais teria brotado a moral ocidental.

Nietzsche defende, todavia, que os valores ressentidos do judaísmo não ficaram restritos à comunidade dos judeus. Ao contrário, eles teriam passado a constituir o paradigma moral de quase toda a civilização ocidental, pois o cristianismo – religião que surge em pleno período de domínio romano sobre os judeus – teria representado um movimento de continuidade do ressentimento instaurado pela

---

13. Obviamente essa é uma simplificação caricaturada da tradição judaica. Contudo, é por meio dessa simplificação que podemos compreender o argumento de Nietzsche. Vale ressaltar que, em determinados momentos, a crítica de Nietzsche não deixa de levar em conta as alterações históricas ocorridas ao longo do desenvolvimento do judaísmo. Prova disto é que o filósofo identifica na história da tradição judaica momentos de elevada nobreza cultural como a época gloriosa da realeza de Israel. Os reis Davi e Salomão, p. ex., seriam homens de elevada vitalidade, saúde e exuberância. A "decadência moral" de Israel teria acontecido, sobretudo, a partir do enfraquecimento dessa realeza (cf. AC/AC, § 25).

moral judaica. A relação de parentesco com o judaísmo teria levado a doutrina cristã a proceder moralmente da mesma maneira por meio da qual a moral judaica havia operado até então. Dito de outra forma, a moral cristã também avaliaria os senhores através de seu olhar bilioso e ressentido, mantendo, portanto, a mesma atitude de identificá--los como sendo "os maus".

Apesar de defender essa continuidade entre judaísmo e cristianismo, Nietzsche entende que a doutrina cristã foi ainda mais extrema no caráter imaginativo de sua vingança contra os senhores. Impotentes para realizar uma reação efetiva contra seus opressores, os cristãos teriam "forjado" a existência de um *julgamento divino* que promoveria uma revanche *na vida do além-túmulo*. Essa desforra imaginária teria, por seu turno, a função de dar aos oprimidos cristãos a sensação de força, felicidade e conforto: "Esses fracos – também eles desejam ser fortes algum dia" (GM/GM I, § 15). No além, os "bons cristãos" receberiam, como consolo pelas dores sofridas na existência terrestre, a recompensa da bem-aventurança no Reino de Deus. Lá, eles seriam finalmente felizes e assistiriam aos "maus" – bem logrados na vida terrena – pagarem por seus pecados. A esse respeito, um trecho de *Genealogia da moral*, em que Nietzsche ironiza as noções de julgamento final e Reino de Deus, é bastante ilustrativo:

> o que eles pretendem não chamam de acerto de contas, mas "triunfo da *justiça*" [...] o que eles creem e esperam não é a esperança de vingança embriaguez da vingança. [...] E como chamam aquilo que lhes serve de consolo por todo sofrimento na vida? – sua fantasmagoria da bem-aventurança futura antecipada? [...] A isto chamam de "juízo final", o advento do *seu* reino, do "Reino de Deus" (GM/GM I, § 14).

Afora promover a vingança e o consolo, as noções de *julgamento final* e de *vida eterna* no *além* também teriam a função de dar legitimidade à moral cristã. Isso porque a esperança de redenção do sofrimento terreno e a expectativa de recompensa futura garantiriam o conformismo e a obediência moral dos que sofrem. Ora, uma vez que, no Reino de Deus, as virtudes cristãs seriam, finalmente, recompensadas, viver de acordo com a moral cristã passou a fazer sentido. Na ótica de Nietzsche, essa obediência moral teria, contudo, conduzido quase toda a civilização ocidental à negação da vida e do mundo terreno. Isso porque o suposto embuste cristão teria levado o homem ocidental a viver esta vida terrena em função de uma vida ilusória no além. Enfim, uma vez que deslocou o "centro de gravidade" desta vida para uma vida fictícia num além-mundo, a moral cristã teria promovido o esvaziamento de significado da vida terrena:

> Quando se coloca o centro de gravidade da vida não na vida, mas no "além" – *no nada* –, despoja-se a vida do seu centro de gravidade. A grande mentira da imortalidade pessoal destrói toda razão, toda natureza de instinto. [...] Viver de modo que já não há sentido viver, *isso* torna-se o sentido da vida (AC/AC, § 43).

No entender de Nietzsche, Paulo de Tarso teria sido o maior responsável pela disseminação do "estratagema moral" que descrevemos acima. Popularizado pelo apóstolo na cultura pagã, o "argumento do além-mundo" teria "contagiado" todo o imaginário moral da civilização ocidental. O apóstolo seria, portanto, um ativista da vingança escrava, uma vez que o "medo" e a "esperança" suscitados pelas noções de "julgamento final" e "vida eterna" teriam propiciado uma desforra dos ressentidos sobre a cultura pagã. Todavia, é digno de nota ressaltar que, em *O anticristo*, Nietzsche sustenta que o próprio Jesus não teria sido um ressentido. Nessa obra, o filósofo defende que ele não teria prometido uma desforra transcendente, mas apenas ensinado uma prática de resignação frente aos sofrimentos da vida. Em outras palavras, para Jesus, a noção de Reino de Deus deveria ser compreendida como uma experiência pessoal de paciência frente à dor, mas não como algo que viria após a morte em forma de retribuição ou de castigo.

Apesar de "carregar menos nas tintas" quando se refere ao que seria a pretensa figura histórica de Jesus, Nietzsche promove uma verdadeira campanha contra procedimentos e virtudes morais propostas e disseminadas pelo cristianismo. Examinemos, por exemplo, como o filósofo entende a virtude da compaixão. Uma vez que a definição de compaixão consiste no sofrimento causado pela dor alheia, deveríamos concluir que ela provoca dor em quem não estava sofrendo. Logo, a compaixão tornaria o sofrimento contagioso, pois a visão da dor do outro modifica o estado de espírito, promovendo a tristeza e a debilidade em quem não sofria. Em outras palavras, a compaixão teria o poder de propagar um efeito depressor em quem se encontrava num estado de vitalidade e alegria. Seguindo esse raciocínio, a difusão da compaixão seria, nesse sentido, mais um artifício de vingança que os fracos/escravos utilizam para descarregar seu ressentimento contra os fortes/senhores. Oprimidos pelos fortes e incapazes de concretizar uma reação direta contra eles, os fracos obteriam sua revanche por meio de um ardil. Isto é, através da exposição do seu próprio sofrimento impingiriam dor aos fortes. Na ótica de Nietzsche, essa estratégia seria, na verdade, um meio de satisfazer um desejo de crueldade que não pode ser realizado de maneira franca.

Outro elemento da moral ocidental que é duramente criticado por Nietzsche é a noção de ascetismo. O ascetismo consiste na doutrina que assume como pressuposto a concepção dualista de homem – posição que entende o homem como um composto de uma *substância corpórea* e uma *substância espiritual* (espírito, alma, razão etc.) – e que ensina o exercício de extirpar as pulsões corporais, tendo como objetivo a elevação espiritual. Isso porque, no contexto do ascetismo, o corpo é compreendido como uma espécie de empecilho para o desenvolvimento espiritual. No entender do filósofo, as severas práticas do ascetismo teriam sido promovidas por duas das mais importantes tradições formadoras dos valores do Ocidente, a saber, a religião cristã e a filosofia platônica. No cristianismo, a mortificação do corpo seria incentivada como uma das maneiras de se conquistar a redenção no além-mundo. Platão, por outro lado, recomendaria que o verdadeiro filósofo deve almejar o abandono do corpo, pois, só assim, poderia realizar tranquilamente o exercício filosófico[14].

Na visão de Nietzsche, o martírio do corpo difundido pelas doutrinas ascéticas – seja em forma de re-

---

14. Cf. PLATÃO. *Fedão*, 62 b; 65 a; 64; 66 d; 67 c. In. PLATÃO. *Diálogos* – Protágoras, Górgias e Fedão. 2. ed. Belém: Edufpa, 2002 [Trad. Carlos Alberto Nunes].

ligião ou de filosofia – consistiria num procedimento que estimula a *décadence* da vida. Ora, se o filósofo defende que a vida só pode ser entendida em termos corpóreos, então promover a negação ascética do corpo significaria promover a negação da própria vida.

Sexta lição

O projeto de transvaloração de todos os valores

Nietzsche conclui *O anticristo* da seguinte forma: "O tempo é contado pelo *dies nefastus* (dia nefasto) com que teve início esta fatalidade – a partir do primeiro dia do cristianismo! Por que não pelo último? A partir de hoje? – **transvaloração de todos os valores**" (AC/AC, § 62 – negrito nosso). Ora, o que Nietzsche vê de tão importante nessa transvaloração dos valores[15], para termos de recomeçar a recontar o tempo a partir dela? Respondemos de imediato: a transvaloração dos valores é a tentativa de promover a total refundação da cultura ocidental, pois ela consiste num projeto que visa implementar uma completa reviravolta nos valores do Ocidente. Nesse sentido, o projeto transvalora-

---

15. "Transvaloração dos valores" é a tradução da expressão *Umwertung der Werte*. Essa expressão também é traduzida, para o português, por "tresvaloração dos valores", "transposição dos valores" e "reviravolta dos valores". O termo só aparece na última fase da obra de Nietzsche. Contudo, a ideia de uma reviravolta moral já pode ser encontrada, em germe, no início de sua empreitada filosófica.

tivo consiste numa espécie de campanha contra os valores criados pelo platonismo e pelo cristianismo que, no entender de Nietzsche, disseminariam o desprezo do mundo sensível e a negação do corpo (cf. lição cinco). Portanto, o termo "transvaloração" designa uma tarefa por meio da qual o filósofo pretende superar a *décadence* da civilização ocidental e, ao mesmo tempo, fundar uma espécie de nova era moral para o Ocidente. Pois, se o tempo é contado a partir do dia mais emblemático para a antiga moral, então seria coerente recomeçar essa contagem a partir do primeiro dia da transvaloração.

Na verdade, a noção de reviravolta valorativa não seria uma novidade na história da humanidade. Isso porque, ao longo do desenrolar dessa história, já teriam ocorrido efetivamente várias inversões de valores. O surgimento do dualismo platônico, por exemplo, teria promovido uma revolução nos valores da cultura grega, enquanto que o cristianismo teria invertido a moral nobre do Império Romano. Na primeira dissertação de *Genealogia da moral*, Nietzsche deixa claro que está ciente dessa questão, pois alude a uma transvaloração que os sacerdotes judeus teriam realizado sobre a moral dos "nobres romanos"[16]. Através de um estratagema moral, a

---

16. Por vezes, Nietzsche se refere a essa transvaloração dos escravos utilizando a expressão "rebelião dos escravos" (cf. JGB/BM, § 260 e GM/GM I, § 10 e 11).

vitalidade nobre teria passado a ser considerada um vício, e a impotência plebeia, uma virtude:

> os judeus aquele povo de sacerdotes que soube desforrar-se de seus inimigos e conquistadores apenas através de uma radical **tresvaloração dos valores** deles, ou seja, por um ato da mais espiritual vingança. Assim convinha a um povo sacerdotal. Foram os judeus que, com apavorante coerência, ousaram inverter a equação de valores aristocrática (bom = nobre = poderoso = belo = feliz = caro aos deuses), e com unhas e dentes (os dentes do ódio mais fundo, o ódio impotente) se apegaram a esta inversão, a saber, "os miseráveis somente são os bons, apenas os pobres, impotentes, baixos são bons, os sofredores, necessitados, feios, doentes são os únicos beatos, os únicos abençoados, unicamente para eles há bem-aventurança – mas vocês, nobres e poderosos, vocês serão por toda a eternidade os maus, os cruéis, os lascivos, os insaciáveis, os ímpios, serão também eternamente os desventurados, malditos e danados [...] (GM/GM I, § 7 – negrito nosso)[17].

O que distingue, então, as reviravoltas axiológicas sucedidas na história efetiva do projeto nietz-

---

17. Paulo César de Sousa prefere traduzir a expressão *"Umwertung der Werte"* por "tresvaloração".

scheano de transvaloração dos valores? Ora, a diferença é que o projeto nietzscheano de transvaloração não seria um evento que viria ocorrer de maneira fortuita, mas consistiria na promoção intencional de uma nova reviravolta na moral[18]. Em suma, o audacioso projeto de Nietzsche visa tomar as rédeas do destino da história e redirecionar a maneira de engendrar valores. Portanto, ao impor a si mesmo a tarefa transvalorativa, o filósofo se entende como o grande responsável por uma completa ressignificação moral da humanidade: "[*Transvaloração*] *de todos os valores*: eis a minha fórmula para um ato de suprema autognose da humanidade, que em mim se fez gênio e carne" (EH/EH. *Por que sou um destino*, § 1). Compreendendo-se como o homem destinado a levar a cabo essa tarefa tão extraordinária, o filósofo elege a transvaloração como o objetivo dos últimos anos de sua vida lúcida e, em função deste escopo, organiza as suas derradeiras obras.

Se estivermos de acordo com a ideia de que a transvaloração consiste em colocar de cabeça para baixo os valores de uma civilização, então podemos afirmar que transvalorar significa *inverter* o modo de instituir valores. Em outros termos, para levar a cabo o projeto transvalorativo, seria necessário

---

18. A esse respeito, consultar a posição de DENAT, C. & WOTLING, P. *Dictionnaire Nietzsche*. Paris: Ellipses, 2013, p. 231.

"estimular valorizações opostas e [transvalorar] [...] 'valores eternos'"(JGB/BM, § 203). Como vimos, no entender de Nietzsche, a maneira ocidental de estabelecer valores teria sido, até então, direcionada pelo além. Isto é, a civilização ocidental teria criado seus valores a partir da "adoração" a noções como "Deus", "Reino de Deus", "vida eterna" e "alma". Essa *veneração* do além teria, entretanto, promovido o *desprezo* pelo "mundo terreno", pela "vida" e pelo "corpo". Na ótica do filósofo, chegara a hora de inverter a direção dessa forma de valorar, pois, a partir de então, o que deveria ser *estimado* seria a terra e não mais o além. É nesse sentido que Zaratustra, o *alter ego* de Nietzsche, ensina "aos homens: não mais enfiar a cabeça na areia das coisas celestes, mas levá-la livremente, uma cabeça terrena, que cria sentido na terra!" (Za/ZA I. *Dos trasmundanos*).

Na verdade, a transvaloração não se resume a uma mera inversão dos valores[19], uma vez que ela seria uma espécie de processo constituído por outros dois "movimentos", a saber: 1) a *supressão* das antigas referências a partir das quais os valores até então foram legitimados e 2) a *criação* de

---

19. A respeito da transvaloração dos valores, cf. MARTON, S. *A morte de Deus e a transvaloração dos valores*. In: MARTON, S. *Extravagâncias*: ensaios sobre a filosofia de Nietzsche. São Paulo/Ijuí: Discurso/Unijuí, 2001, p. 75, 77 e 78.

novas referências de valores. Portanto, entendido numa primeira acepção, o ato de "transvalorar" os valores assume um caráter crítico e destrutivo frente à tradição metafísica e religiosa do Ocidente. A intenção, aqui, é demolir os fundamentos dos "antigos" valores morais, o que, por conseguinte, faria ruir os próprios valores.

Ora, se a moral ocidental, sobretudo a cristã, é legitimada pelas noções de "vida eterna", "juízo final", "Reino de Deus", "Inferno" etc., então, para implementar o projeto transvalorativo, seria necessário eliminar tais noções da mentalidade do homem ocidental. Logo, apenas por meio da supressão das antigas referências legitimadoras é que as novas poderiam ser estabelecidas. Isso porque enquanto as noções transcendentes que legitimam os antigos valores ainda surtirem efeito sobre a mentalidade ocidental, a *criação* de novos valores estará impossibilitada. É tendo em mente essa relação de dependência entre o *suprimir* e o *criar* que Nietzsche defende que "o negar *e o destruir* são condição para o afirmar" (EH/EH. *Por que sou um destino*, § 4).

Todavia, não há como se prescindir da noção de *criação* de novos valores, se quisermos compreender o projeto transvalorativo em sua completude. Na quarta lição deste livro, vimos que o niilismo do esvaziamento dos valores morais provocado pelo "advento da morte de Deus" consistia numa grande preocupação para Nietzsche. Ora, esse niilismo só poderia ser superado se a transvaloração dos valores não ficasse restrita à mera destruição das antigas tábuas de valores, mas também se ocupasse em erigir novas. Logo, para completar a transvaloração da moral ocidental, seria necessário escrever "novos valores em novas tábuas" (Za/ZA. *Prólogo*, § 9)[20]. Ao mesmo tempo em que preencheriam o vazio do niilismo trazido pela morte de Deus, essas novas tábuas serviriam para redirecionar as virtudes morais para uma revalorização do corpo, da terra e da vida. É nesse sentido que Zaratustra exorta: trazei "a virtude extraviada de volta para a terra – sim, de volta ao corpo e à vida: para que dê à terra seu sentido – um sentido humano!" (Za/ZA I. *Da virtude dadivosa*, § 2).

A partir desse ponto, um problema vem à tona: se, na tradição cristã, os valores se legitimavam por intermédio do além – pois era o além que dava significado moral à vida terrena –, qual seria a nova referência legitimadora da nova moral? Em outros termos, com a supressão dos consolos da religião e da metafísica, o que restará para dar significado

---

20. No mesmo sentido, cf. tb.: "Quem tem de ser um criador no bem e no mal: em verdade, tem de ser primeiramente um destruidor e despedaçar valores" (Ibid. II *Da superação de si mesmo*).

à vida do homem ocidental e mantê-lo apegado à vida e à terra? Enfim, de que forma Nietzsche poderia suprir esse vazio deixado pelo desaparecimento da esperança de uma vida no Reino de Deus e, ao mesmo tempo, redirecionar a vida terrena de volta à terra? Tentaremos responder a essas questões nas três próximas lições.

Sétima lição

A noção nietzscheana da vontade de potência

Em *Assim falava Zaratustra*, Nietzsche vai defender que o modo de ser de todo ente vivente é *vontade de potência* (cf. Za/ZA II. *Do superar a si mesmo*). Ora, podemos definir a noção nietzscheana de *vontade de potência* como uma espécie de anseio constante por domínio e poder. Um impulso cego que deseja, a todo o momento, se exercer de forma impositiva numa luta por mais potência e dominação sobre o alheio. Logo, a maneira de ser de cada ente vivo consistiria nesse querer subjugar e se impor frente aos outros viventes. Em outras palavras, o combate por mais potência se daria entre todas as espécies de animais e vegetais[21]. Além disso, também se prolongaria entre os grupos e os

---

21. Atualmente, as novas categorizações biológicas dividem os seres vivos em cinco reinos. Se transportarmos a chave conceitual de Nietzsche para nossos dias, deveríamos compreender que essa luta promovida pela vontade de potência estender-se-ia a esses cinco reinos.

indivíduos das mesmas espécies e, até mesmo, no interior de cada organismo. Mesmo as células e microrganismos que compõem os corpos orgânicos estariam em constante estado de tensão beligerante.

Se, em *Assim falava Zaratustra*, a noção de vontade de potência está restrita ao âmbito orgânico, em outros escritos posteriores, contudo, Nietzsche amplia a abrangência do seu conceito. Isso porque ele passa a entender também o âmbito inorgânico como sendo constituído por vontade de potência (cf. JGB/BM, § 36). Nesse sentido, a totalidade cósmica – e não apenas a esfera da vida – fica sendo compreendida como vontade de luta por mais potência. Portanto, nesse contexto, o orgânico é visto apenas como um caso particular da vontade de potência que constitui todo universo. Esse segundo posicionamento do filósofo acerca da vontade de potência – o qual iremos levar mais em conta – foi chamado por alguns comentadores de *Teoria das Forças*[22]. Conforme essa teoria, o universo inteiro seria constituído – em suas "partes" mais ínfimas – por forças (ou vontades de potência) em eterno conflito entre si. Teríamos, portanto, um *coeso* e descomunal aglomerado de forças confli-

---

22. Aqui, seguimos a posição de MARTON, S. *Nietzsche, das forças cósmicas aos valores humanos*. Belo Horizonte: UFMG, 2010, p. 49-79.

tuosas constituindo tudo que há. Toda configuração momentânea do universo seria, então, o resultado dessa relação antagônica de forças. Em outras palavras, no âmbito macroscópico, temos uma luta entre espécies, bandos, indivíduos; no domínio microscópico, teríamos a luta dos minúsculos seres vivos que compõem os corpos; na esfera atômica, a tensão entre moléculas e partículas; mas, na esfera ainda mais ínfima da efetividade, poderíamos reduzir todo esse combate a uma disputa entre forças cósmicas que compõem, em última instância, todos os entes.

Neste momento, uma questão vem à tona: Se tudo é constituído por uma eterna luta de forças, como poderíamos pensar a coesão de um corpo? Posto de outra maneira, como, por exemplo, um organismo poderia se manter unido se suas "partes" lutam entre si? Ora, na ótica de Nietzsche, o combate de forças não é sinônimo de destruição do que é alheio, já que essa luta também prevê – na verdade, na maioria das vezes – uma relação de domínio hierárquico entre as forças. Nesse sentido, a beligerância também levaria à coesão de centros de forças organizados por uma relação de subjugação de algumas forças sobre outras. Agregadas por uma necessidade de proximidade – imprescindível ao combate –, as diferentes combinações entre forças comporiam os diversos "entes particulares". Estes, por sua vez, deveriam ser compreendidos conceitualmente como unidades-múltiplas de centros de forças organizadas hierarquicamente. Ou seja, seria o próprio antagonismo das forças que possibilitaria a ligação entre elas e, por consequência, a formação dos entes que nos aparecem. Enfim, a disputa cósmica seria o elo que daria a cada centro de forças – constituído por múltiplas forças – o caráter de unidade organizada.

Tendo esse raciocínio em mente, podemos dizer que cada "coisa singular" constituir-se-ia como uma coesão tensa de *múltiplas* forças agregadas. Nesse sentido, as "coisas singulares" seriam, na verdade, unidades-múltiplas e não unidades puras. Como dissemos, essa coesão da unidade-múltipla seria garantida por uma organização hierárquica das forças que constituem "cada coisa singular". Através da disputa "interna", algumas forças submeteriam outras ao seu comando e constituiriam, assim, uma relação de obediência e comando que daria, momentaneamente, uma direção unitária a essa tensão múltipla que constitui os "corpos singulares". Portanto, em cada unidade-múltipla teríamos uma *harmonia* hierárquica produzida pela disputa de forças *contrárias*.

Cada unidade-múltipla, que é resultado dessa organização hierárquica da tensão "interna", se defrontaria, entretanto, com outras unidades-múltiplas.

Desse modo, além do embate interno, também haveria uma tensão "externa" entre as agregações de forças. Levando isso em conta, temos de concluir que as configurações cósmicas seriam determinadas não só pelo movimento de disputa por poder no "interior" das unidades-múltiplas, mas também pela disputa "externa" entre essas próprias "unidades-múltiplas". O conjunto das "coisas singulares" que compõe o cosmo seria, então, o resultado de uma relação de tensão entre os *quantas* de forças que se agregam e se desagregam entre si. Ou seja, são os antagonismos – "internos" e "externos" – dos centros de forças que determinam tanto a agregação como a desagregação de cada "singularidade" componente do cosmo. Ora, seria justamente esse movimento de agregação e desagregação das forças que promoveria, a cada instante, o engendrar e o perecer de todo ente inserido no devir cósmico. A morte de um ente, por exemplo, nada mais seria do que o movimento de desagregação das forças que o compunham.

É necessário assinalar que cada força é entendida por Nietzsche como sendo um puro movimento de oposição frente a outras forças. Constituindo-se como um "mero exercer" antagônico, uma força não pode ser concebida como existindo em separado de outras forças. Para "existir", cada força necessita de sua oponente para efetivar-se. Em outras palavras, as forças são interdependentes entre si, pois cada força só "é" enquanto "é" um movimento de luta e oposição a suas oponentes. Enfim, possuindo esse caráter puramente dinâmico, as forças (ou vontades de potência) não poderiam ser concebidas como substâncias fixas que possuem o poder de agir sobre outras substâncias. Ao contrário, as forças consistem em pura *ação*. Ou mais precisamente, são vontades de potência que agem sobre outras vontades de potência. A esse respeito, examinemos a seção 36 de *Para além do bem e do mal*:

> "Vontade", é claro, só pode atuar sobre "vontade" e não sobre "matéria" [...] vontade atua sobre vontade – [...] todo acontecer mecânico, na medida em que nele age uma força, é justamente força de vontade, efeito da vontade. [...] a vontade de [potência], como é *minha tese* (JGB/BM, § 36).

A partir das considerações acima, é possível afirmar que as forças também não poderiam ser confundidas com átomos ou mônadas, nem muito menos ser concebidas como qualidades eternas e imutáveis. Cada força vem a ser e, depois, perece no combate com as outras forças: não "há substâncias que duram eternidade; a matéria é um erro tal como o deus dos eleatas" (FW/GC, § 109). Adotando essa "concepção energética", Nietzsche vai então se opor diametralmente ao materialismo atomístico. Considerando que não há separação entre as forças, ele vai negar as noções de *espaço vazio* e de *átomo*. O que haveria seria apenas um eterno jogo de forças totalmente interligadas: "O espaço só surgiu com a suposição do espaço vazio. Este não existe. Tudo é força. [...] Não podemos imaginar nada mais como sendo material" (Nachlass/FP, 10.9, 1 [3], julho-agosto de 1882).

Outro ponto que precisamos ter em mente acerca das forças/vontade de potência é que elas são um puro movimento de querer dominar sem almejar um objetivo final. Em outros termos, a tendência ao domínio das forças seria um impulso cego que não visa a um fim último para sua conquista. Nesse sentido, as forças se efetuariam sem um *telos*, pois o combate visaria ao próprio combate. Enfim, no universo concebido por Nietzsche não existiria nenhum espaço para teleologia, pois as forças apenas se exerceriam por serem constituídas intrinsecamente por um querer dominar que não prevê trégua nem esgotamento final.

É necessário acrescentar ainda que, se por um lado a vontade de potência é entendida como o modo de ser das forças – seu caráter mesmo –, por outro lado ela não pode ser compreendida como uma espécie de essência *a priori* das forças. Ou seja, a vontade de potência não é uma característica fundamental que determina a força *antes* da confrontação com outras forças. Ao contrário, as forças são, elas mesmas, o movimento de querer dominar que é a própria vontade de potência. E é por isso que a vontade de potência só se expressaria através do combate das múltiplas forças que também são vontades de potência. Portanto, a vontade de potência não pode ser compreendida como uma essencialidade independente do conflito das múltiplas forças. Ela é simultânea ao combate que configura e reconfigura o universo a cada instante. Portanto, se a vontade de potência é o caráter de tudo que existe, ela só pode sê-lo porque é puro movimento de combate.

A partir desse ponto, desconfiamos que o leitor possa estar um pouco intrigado acerca do propósito de toda esta, digamos, "cosmologia" nietzscheana. De fato, vimos que, até agora, as principais preocupações de Nietzsche giravam em torno das questões morais. Nesse sentido, poderíamos perguntar: Qual é a relação entre essa cosmologia e a crítica dos valores que estudamos até o momento? Ou ainda: Qual seria o significado desse discurso sobre a totalidade cósmica se pensado à luz do projeto de transvaloração dos valores? Vejamos.

Um dos fundamentos cardeais da moral ocidental consiste na noção dualista de homem. Isto é, a concepção que entende o homem como um composto de uma alma imortal e um corpo perecível. É justamente essa duplicidade que garante a lógica de procedimentos como, por exemplo, o ascetismo – negação do corpo em função de uma elevação espiritual. Além disso, a própria noção de imortalidade e a esperança de um final escatológico dos tempos, como vimos nas lições anteriores, aparecem como fundamentos que legitimam uma moral que promete como recompensa uma vida eterna no além. Ora, se levarmos a cosmovisão nietzscheana de vontade de potência às últimas consequências, teríamos de descartar os fundamentos morais dos quais falamos. Enfim, num mundo em que "tudo é *vontade de potência* e nada além disso" (JGB/BM, § 36), não haveria dualismo, imortalidade da alma, ou escatologia do fim dos tempos.

OITAVA LIÇÃO

A doutrina do eterno retorno do mesmo

A *doutrina do eterno retorno do mesmo* é tradicionalmente interpretada de duas maneiras, a saber: 1) como uma *tese cosmológica* que postula um movimento eterno e cíclico para o universo; 2) como uma espécie *de imperativo ético* que sugere a seguinte exortação: viva cada momento, de tal forma, como se esse momento fosse se repetir infinitas vezes[23]. Além dessas duas linhas interpretativas – que, no nosso entender, não elucidam, satisfatoriamente, o sentido fundamental da doutrina –, existe ainda uma terceira via que apresentou outra tentativa de esclarecimento acerca do tema.

Esse terceiro posicionamento sustenta que o eterno retorno do mesmo não pode ser entendido, exclusivamente, como uma concepção cosmológica e nem tampouco, apenas, como uma exortação

---

23. Cf. MARTON, S. *O eterno retorno do mesmo*: Tese cosmológica ou imperativo ético? In: MARTON, S. *Extravagâncias*. Op. cit.

para a ação. Isso porque o âmbito ético e o domínio cosmológico estariam completamente imbricados, uma vez que a cosmologia do eterno retorno só ganharia sentido se pensada como parte integrante do projeto nietzscheano da transvaloração dos valores (cf. sexta lição). Vejamos como se dá essa relação.

A partir de 1881, alguns escritos póstumos de Nietzsche apresentam uma espécie de tese cosmológica, em que o cosmo é pensado como um eterno movimento circular de repetidos ciclos cósmicos. Em cada um desses ciclos, as mesmas configurações cósmicas deveriam retornar exatamente da mesma maneira como já se apresentaram nos demais ciclos. No permanente devir do universo, não haveria nem um instante inicial nem um estado final, mas apenas a eterna repetição do mesmo. Desse modo, a totalidade dos eventos – incluindo todas as ações e vivências humanas – retornaria eternamente da mesma maneira e na mesma sequência como já se apresentou nos outros ciclos.

Nesses mesmos fragmentos póstumos, também podemos encontrar uma espécie de argumentação cosmológica por meio da qual o filósofo parece tentar justificar essa eterna recorrência do mesmo. Nesses textos, Nietzsche postula que o número das forças que compõe o cosmo – as forças das quais falamos na lição anterior – é finito. Por essa razão, as possibilidades de combinações entre essas forças também seriam finitas. Ora, no transcorrer de um tempo infinito – tal como é concebido o tempo no qual se desenrola a eterna luta das forças cósmicas –, teríamos necessariamente a repetição de todas essas combinações. Por consequência, todas as configurações cósmicas deveriam retornar eternamente.

Tentemos uma analogia explicativa. Se tomarmos três cartas de baralho e passarmos a embaralhá-las ininterruptamente, então cada uma dessas três cartas assume, a cada instante, uma posição determinada dentre as três posições possíveis, qual seja, ou na frente, ou no meio entre as outras duas, ou atrás. Ora, esse número limitado de posições também vai limitar o número de combinações entre as posições das cartas. Com três cartas só existem seis possibilidades de combinações. Por exemplo, suponhamos que cada uma das cartas está identificada por uma letra: "a", "b", "c". Nesse sentido, as combinações possíveis das posições são: 1) a, b, c; 2) b, c, a; 3) c, b, a; 4) a, c, b; 5) c, a, b; 6) b, a, c.

Agora, consideremos que sempre estivemos a embaralhar essas cartas durante toda a eternidade. Nesse caso, teríamos de estar repetindo infinitas vezes as seis combinações possíveis, uma vez que não haveria outras possibilidades de combinações. Em suma, quando as seis possibilidades de combinações se esgotam, todas elas têm, necessariamente, de se repetir em algum momento da eternidade. Se transpusermos essa analogia para o vocabulário cosmológico utilizado por Nietzsche, podemos pensar as forças cósmicas como se fossem as cartas. Levando em conta que a quantidade de forças que compõe o cosmo – tal como o número de cartas do exemplo – seria finita, então as possibilidades de combinações entre elas também seriam limitadas. Obviamente, o número de combinações das forças é muito maior do que seis, mas, de qualquer maneira, será sempre limitado pela quantidade finita das forças. Ora, num tempo eterno, essas combinações finitas deveriam, portanto, já ter acontecido e também se repetido infinitas vezes. Examinemos o argumento de Nietzsche em alguns trechos de fragmentos póstumos de 1881 e 1888:

> A quantidade da força do universo é *limitada*, não "infinita"; guardemo-nos de tais desvios do conceito! Em consequência, o número de situações, transformações, combinações e desenvolvimentos dessa força é, certamente, enorme e praticamente *"imensurável"*, mas, em todo caso, também limitado, não infinito. Mas o tempo em que o universo exerce sua força é infinito, isto é, a força é eternamente igual e eternamente ativa: até este instante já transcorreu uma infinidade, isto é, é necessário que todos os desenvolvimentos possíveis já *tenham estado aí* (Nachlass/FP, 11 [202] – primavera-outono de 1881).

> Num tempo infinito toda combinação possível seria alcançada uma vez em algum momento; melhor ainda: ela seria alcançada um número infinito de vezes. E assim como, entre cada combinação e seu próximo "retorno", todas as combinações possíveis deveriam passar (Nachlass/FP, 13.376, 14 [188] – Primavera de 1888).

Todavia, os textos acima apresentados nos levam a compreender apenas uma primeira parte do raciocínio cosmológico de Nietzsche. Isso porque, em outros escritos, o filósofo não afirma apenas que todas as configurações cósmicas vão se repetir eternamente, mas também assevera que nesse movimento de repetição as configurações cósmicas iriam se suceder de forma encadeada. Na verdade, cada momento do círculo cósmico "determinaria" o aparecimento do momento "posterior", uma vez que cada combinação de forças cósmicas engendraria "toda a sequência das combinações na mesma série", fazendo com que tivéssemos a repetição de séries idênticas. Nesse sentido, a repetição obedeceria a um rígido encadeamento de configurações. Uma configuração "A" traria uma configuração "B", que geraria uma "C", e assim até uma configuração "Z". Terminada a série de configurações possíveis, teríamos a repetição encadeada desta mesma série – "A", "B", "C", "D"... Acompanhemos outro trecho:

> cada uma destas combinações determinaria toda a sequência das combinações na mesma série, também ficaria demonstrada a existência de um ciclo de séries exatamente idênticas: o mundo como ciclo que se repete um número infinito de vezes [...] (Nachlass/FP, 13.376, 14 [188] – Primavera de 1888).

Enfim, cada estado do cosmo se repetiria e condicionaria, necessariamente, o retorno sequencial de todos os mesmos estados do ciclo cósmico. Ora, dissemos que, no entender de Nietzsche, tudo que se apresenta em cada estado do cosmo é fruto das múltiplas configurações de forças. Nesse sentido, este livro e mesmo você, leitor, seriam aglomerados de forças que, neste instante, se combinam de uma determinada maneira. Bem, se todas as configurações possíveis retornam sem cessar, então todos os instantes também já se sucederam e teriam de se repetir eternamente. Portanto, o momento em que escrevo este texto, isto é, às 16 horas do dia 11 de junho de 2016, já haveria ocorrido infinitas vezes e retornaria infinitas vezes[24]. É evidente que eu não poderia me lembrar de já tê-lo vivido, uma

---

24. Cf. SOLL, I. Reflexions on recurrence: a re-examination of Nietzsche's doctrine, die ewige Wiederkehr des Gleichen. In: SOLOMON, R.C. *Nietzsche, a collection of critical essays*. Notre Dame: Notre Dame Press, 1980, p. 335.

vez que o conjunto de forças que compõe o meu corpo já teria se desagregado e voltado a se agregar infinitas vezes. Portanto, minha consciência, assim como minha memória, não existiria de forma contínua para poder me lembrar do mesmo instante que se repete nos infinitos ciclos cósmicos.

A partir deste ponto, vem à tona a necessidade de explicarmos como essa cosmologia estaria relacionada com o projeto de transvaloração dos valores. Ora, sabe-se que, na ótica de Nietzsche, as cosmovisões do platonismo e do cristianismo serviram como justificativa à moral do Ocidente. Em outros termos, teriam sido noções como juízo final, Reino de Deus, vida eterna, mundo inteligível etc. que teriam dado, até hoje, sustentação à moral ocidental. Levando isso em conta, podemos afirmar que, para levar a cabo o seu projeto transvalorativo, o filósofo alemão precisaria propor uma nova cosmovisão que justificaria uma nova moral. É justamente nesse sentido que o eterno retorno do mesmo se configura como um novo referencial cosmológico a serviço da efetivação da transvaloração dos valores. Ou seja, com o seu ensinamento do eterno retorno – uma cosmovisão cíclica e não dualista –, Nietzsche vislumbrou a possibilidade de suprimir e substituir a concepção cosmológica dominante no Ocidente – esta, enraizada numa compreensão linear de tempo, no dualismo de mundos e na noção de um Deus que irá julgar e definir o destino de todos no além.

Enfim, por meio de uma mudança de cosmovisões, o filósofo pretendeu promover uma transformação nos paradigmas éticos da tradição – e aí estaria a principal relação com a transvaloração dos valores –, pois as ações humanas, pensadas a partir do eterno retorno, não poderiam ser guiadas nem por uma esperança de redenção no além, nem pelo medo do castigo eterno no inferno. Nesse sentido, o eterno retorno seria uma forma de combater a *décadence* produzida pelas cosmovisões dualistas e pela noção do além-mundo que, na ótica de Nietzsche, promovem a negação da vida.

A doutrina do eterno retorno teria o poder de refundar as bases valorativas da civilização ocidental, uma vez que promoveria uma nova forma de conceber a eternidade. A partir dela, o "peso ético" da eternidade não estaria mais localizado num além-mundo, mas sim neste mundo terreno. Agora, a Terra passaria a ter o mesmo peso referencial que outrora era dado ao além. Isto é, se era a esperança de vida eterna no além que dava sentido à vida terrena, a partir de agora, é a repetição eterna da mesma vida terrena que daria significado a esta existência. Em outras palavras, outrora o *peso da eternidade* do além-mundo direcionava as ações da existência humana. Doravante, seria a doutrina do eterno retorno que deveria trazer o *peso da eternidade* sobre cada ato da existência de cada homem.

O maior dos pesos. – E se um dia, ou uma noite, um demônio lhe aparecesse furtivamente em sua mais desolada solidão e dissesse: "Esta vida, como você a está vivendo e já viveu, você terá de viver mais uma vez e por incontáveis vezes; e nada haverá de novo nela, mas cada dor e cada prazer e cada suspiro e pensamento, e tudo o que é inefavelmente grande e pequeno em sua vida, terão de lhe suceder novamente, tudo na mesma sequência e ordem – e assim também essa aranha e esse luar entre as árvores, e também esse instante e eu mesmo. A perene ampulheta do existir será sempre virada novamente – e você com ela, partícula de poeira!" – Você não se prostraria e rangeria os dentes e amaldiçoaria o demônio que assim falou? Ou você já experimentou um instante imenso, no qual lhe responderia: "Você é um deus e jamais ouvi coisa tão divina!" Se esse pensamento tomasse conta de você, tal como você é, ele o transformaria e o esmagaria talvez; a questão em tudo e em cada coisa, "Você quer isso mais uma vez e por incontáveis vezes?", pesaria sobre os seus atos como o maior dos pesos! Ou o quanto você teria de estar bem consigo mesmo e com a vida, para não desejar nada além dessa última, eterna confirmação e chancela? (FW/GC, § 341).

Em suma, da mesma forma que o medo da possibilidade de danação eterna – ou a esperança da recompensa eterna – teve poder para orientar as ações humanas em direção a uma negação do mundo, uma doutrina que ensinasse a eternidade de cada instante terreno poderia redirecionar essas ações à afirmação da vida terrena.

Nona lição
O além-do-homem e a afirmação da vida

"Além-do-homem" é uma das possíveis traduções para *Übermensch*, termo frequentemente utilizado por Nietzsche a partir de *Assim falava Zaratustra*[25]. Formada pelo prefixo *"über"* (sobre/além), que indica elevação e ultrapassamento, e pelo substantivo *"Mensch"*, que significa "homem", a palavra denota a ideia de superação do homem.

Neste ponto, é necessário que sejamos cuidadosos, pois o "homem" ao qual o filósofo se refere possui um sentido muito específico. Aqui, não se trata de entender o homem como uma espécie biológica que poderia ser superada por meio da elevação de suas potencialidades físicas e intelectuais. Na verdade, o homem visado por Nietzsche é o

---

25. Por vezes, o termo é traduzido por "super-homem". Apesar desta tradução também ser bastante usual, preferimos evitar possíveis confusões conceituais. Por um lado, "super-homem" é usado para indicar o personagem da indústria cultural e, por outro lado, foi apropriado pela interpretação nazista de Nietzsche.

homem "produzido" pela moral cristã, este caracterizado pela atitude de negação deste mundo. Logo, o que deveria ser ultrapassado é o tipo de vida humana predominante na civilização ocidental. Nesse sentido, é, sobretudo, em relação ao "homem bom" da moral cristã que devemos compreender essa elevação e ultrapassamento que Nietzsche pretende denotar com o termo "além-do-homem". A esse respeito, as palavras do filósofo em *Ecce homo* não deixam dúvidas: o "['*além-do-homem*'] para designação de um tipo que vingou superiormente, em oposição a homens 'modernos', a homens 'bons', a cristãos e outros niilistas" (EH/EH. *Por que escrevo livros tão bons*, § 1).

No entender de Nietzsche, exemplos desse tipo superior de homem têm surgido, de maneira fortuita, ao longo da história da humanidade. Por vezes, aparecem como casos individuais no seio de uma civilização *décadente*. Outras vezes, chegam a formar grupos ou povos inteiros: "Acha-se um contínuo êxito de casos particulares, nos mais diversos lugares da Terra e nas mais diversas culturas, nos quais um *tipo mais elevado* realmente se manifesta" (AC/AC, § 4). A intenção do filósofo é, contudo, não depender mais desses "acasos felizes", mas preparar intencionalmente o solo cultural para que este novo tipo de homem venha a germinar e a se espraiar pela Terra. Ora, é o projeto de transvaloração dos valores que consistiria nessa preparação. Deste modo, a transvaloração não promoveria o mero surgimento de uma nova moral, mas também o aparecimento de um novo tipo de homem, a saber, o além-do-homem.

A necessidade de realizar o cultivo do solo a partir do qual brotaria o além-do-homem faria parte, portanto, da tarefa transvalorativa exigida pelas consequências trazidas pelo "advento" da morte de Deus: "Um dia se falou 'Deus', ao olhar para os mares distantes; mas agora vos ensinei a falar: ['além-do-homem']" (Za/ZA II. *Nas ilhas bem-aventuradas*). Se o homem ocidental pautava sua existência pela noção de um Deus transcendente, com a morte deste Deus urge fazer florescer outro tipo de homem: "*Mortos estão todos os deuses: agora queremos que viva o [além-do-homem]*" (Za/ZA I. *Da virtude dadivosa*, § 3).

Na nova cultura transvalorada, este novo homem não mais pautaria sua existência pelo além; sua referência seria a própria vida terrestre. Nesse sentido, a distinção fundamental entre o além-do-homem e o homem da tradição vigente está na relação que estes dois estabelecem com a vida terrena. Ao contrário do homem da civilização em vigência, que apenas suporta a vida terrena à luz da esperança de uma redenção no além, o além-do-homem seria capaz de afirmar a existência terrena, sem precisar de nenhum consolo metafísico ou religioso. Por conseguinte, o além-do-homem é aquele que viveria sob a luz dos valores criados pela transvaloração dos valores. Enfim, ele seria o novo homem dessa cultura transvalorada, voltado em todos os sentidos à terra. Examinemos as palavras de Zaratustra:

> Vede, eu vos ensino o [além-do-homem]! O [além-do-homem] é o sentido da terra. Que a vossa vontade diga: o [além-do-homem] *seja* o sentido da terra! Eu vos imploro, irmãos, *permanecei fiéis à terra* e não acredites nos que vos falam de esperanças supraterrenas! São envenenadores, saibam eles ou não (Za/ZA. *Prólogo*, § 3).

Inserido no contexto do projeto da transvaloração dos valores, o além-do-homem deve ser entendido a partir da exigência nietzscheana de imanência. Assim sendo, ele não poderia ser compreendido como uma espécie de modelo ideal e inalcançável. Isso porque o além-do-homem seria um novo tipo de homem que deveria ser engendrado na terra, a partir do homem atual. Logo, é no seio desta humanidade efetiva que ele deveria surgir. A criação desse novo tipo de homem almejado por Nietzsche não se daria, portanto, pelo aniquilamento do homem do presente. Não temos, aqui, uma proposta de promoção de uma política de eugenia que visa exterminar o homem moderno para, por meio de uma espécie de seleção direcionada, promover o melhoramento da "raça" humana. Consequentemente, devemos afastar a ideia de que o além-do-homem consiste num tipo biológico superior, resultante do processo evolutivo dirigido.

Se é verdade que Zaratustra afirma que o "homem é algo que deve ser superado" (Za/ZA. *Prólogo*, § 3), isso não significa, todavia, que o além-do-homem consista numa nova espécie biológica derivada do homem. O cerne do projeto de Nietzsche não pode, portanto, ser bem compreendido a partir de uma ótica darwinista. Isto é, a problemática central do filósofo não é a evolução da espécie humana, mas sim uma questão cultural acerca dos valores que "produziriam" e norteariam um novo tipo de homem. Aliás, o próprio Nietzsche, em *Ecce homo*, chama atenção para essa confusão conceitual: "Uma outra raça de gado erudito acusou-me [...] de darwinismo" (EH/EH. *Por que escrevo livros tão bons*, § 1).

Considerando a conceituação do além-do-homem ora apresentada, neste ponto cabe questionar em que sentido a doutrina do **eterno retorno do mesmo** e o **além-do-homem** estariam relacionados? Ora, se o além-do-homem consiste no novo homem da nova cultura transvalorada, então ele seria justamente aquele que conseguiria aceitar plenamente essa doutrina. O homem da civilização vigente apenas suporta viver a vida terrena à luz da esperança de uma vida eterna no além. A ideia de que não há nada além da vida terrena e que esta se repetiria eternamente pesaria sobre ele como um sofrimento infernal. O além-do-homem, ao contrário, não precisa de uma justificação de caráter metafísico ou religioso e se alegraria em viver sob a perspectiva da eterna repetição da imanência. Na verdade, o eterno retorno do mesmo seria para ele uma espécie de prêmio, pois, caso essa doutrina fosse verdadeira, a vida terrena se transformaria em eternidade. Enfim, o além-do-homem é aquele que ama a existência terrena a tal ponto que desejaria vivê-la infinitas vezes.

Ao contrário do homem da moral ocidental, que suporta o sofrimento da vida terrena por meio do consolo da vida eterna no além, o além-do-homem afirma a dor como elemento necessário e constitutivo da vida. Isso porque ele justifica o sofrimento que permeia a vida terrena por meio da própria vida terrena. Isto é, o além-do-homem diz sim ao sofrimento porque ama esta vida e sabe que a dor é parte indispensável desta. Além disso, se levarmos em consideração o aspecto cosmológico do eterno retorno, teríamos de entender que todas as dores estariam necessariamente encadeadas a todos os gozos, uma vez que ambos seriam mutuamente condicionados e condicionantes do movimento circular do cosmo. Nesse sentido, quem desejasse os gozos no devir não poderia, portanto, pretender excluir dele a dor. Aqui, mesmo o hedonista – que busca o prazer e se evade da dor – teria de dizer sim a todos os momentos dolorosos do cosmo, pois estes constituir-se-iam como *fado* necessário ao gozo:

> Supondo que digamos sim a um único instante, com isso teríamos dito sim a toda a existência e não apenas a nós mesmos. Pois nada se basta a si mesmo, nem em nós mesmos, nem nas coisas: e se uma única vez nossa alma tremeu e vibrou de felicidade como uma lira, então toda a eternidade foi necessária para ocasionar esse acontecimento único – e toda a eternidade terá sido salva, justificada e afirmada nesse único instante de nosso dizer sim (Nachlass/FP, 12.307, 7 [38], final de 1886 – primavera de 1887).

Enfim, nesse contexto, dizer sim ao instante em que se "tremeu e vibrou de felicidade" significa amar o mundo tanto na dor quanto no gozo. Dessa forma, para o além-do-homem, o eterno retorno seria um estímulo à afirmação da totalidade cósmica, pois mesmo os mais dolorosos acontecimentos seriam necessários à sua existência. Deixemos falar Zaratustra:

> A dor também é um prazer, a maldição também é uma bênção, a noite também é um sol. [...] Disseste alguma vez Sim a um só prazer? Oh, meus amigos, então

disseste também Sim a *todo* sofrimento. Todas as coisas são encadeadas, emaranhadas, enamoradas – e, se um dia quisestes duas vezes o que houve uma vez, se algum dia dissestes "tu me agrada, felicidade! Vem instante!", então quiseste que *tudo* voltasse! – Tudo de novo, tudo eternamente, tudo encadeado, emaranhado, enamorado, oh, assim *amais* vós o mundo – vós, eternos, o amais eternamente e a todo tempo: e também à dor dizeis: Passa, mas retorna! *Pois quer todo o prazer – eternidade*! (Za/ZA IV. *O canto ébrio*, § 10).

Décima lição

Perspectivismo e verdade em Nietzsche

No que diz respeito às questões gnosiológicas, Nietzsche se opõe à ideia de que o conhecimento é fruto de uma capacidade inata do ser humano para apreender a verdade acerca da realidade. Na ótica do filósofo, não deveríamos restringir a questão do conhecimento ao âmbito humano, uma vez que este deveria ser pensado à luz do processo evolutivo no qual estão inseridas todas as espécies que lutam pela vida. Para Nietzsche, a guerra pela sobrevivência teria imposto o surgimento do conhecimento, que consistiria numa espécie de artifício pragmático, através do qual o organismo moldaria e manipularia o mundo em vista de atender as suas necessidades vitais[26]. Em suma, para sobreviverem,

---

[26]. É bem verdade que, em muitos momentos da obra de Nietzsche, a noção de luta por sobrevivência não aparece como força motriz primária, mas sim como uma espécie de consequência da vontade de domínio e expansão que caracteriza a vontade de potência.

os seres vivos precisaram "ordenar" a realidade conforme suas necessidades.

Neste "ordenamento", eles tiveram, por exemplo, de descartar as diferenças entre os indivíduos semelhantes e entendê-los como se fossem idênticos. Ou seja, para se manterem na existência, os seres vivos precisaram incorporar os casos individuais similares em grandes grupos genéricos por meio dos quais eles identificaram o que era ameaçador, nocivo, útil, inútil etc. Aqueles seres que, por exemplo, não agruparam os casos semelhantes de predadores em "gêneros" foram devorados, enquanto aqueles que não generalizaram as presas morreram famintos:

> Quem, por exemplo, não sabia descobrir o "igual" com suficiente frequência, no tocante à alimentação ou no tocante aos animais que lhe eram hostis, quem portanto subsumia demasiado lentamente, era demasiado cauteloso na subsunção, tinha menor probabilidade de sobrevivência do que aquele que em todo semelhante adivinha logo a igualdade (FW/GC, § 111).

Em sentido análogo, com o objetivo de se prevenir acerca dos possíveis danos dos fenômenos da natureza, os seres viventes também tiveram de compreender as regulares constâncias desses fenômenos como sendo "invariabilidade": "A fim de que uma espécie determinada se conserve – e cresça em potência –, ela deve abarcar na sua concepção da realidade tantos elementos previsíveis e invariáveis que seja possível de edificar, a partir deles, um esquema de seu comportamento" (Nachlass/FP, 13.302, 14 [122], primavera de 1888).

O homem, entendido por Nietzsche como um animal entre os outros animais, também estaria inserido nesse processo natural de luta pela sobrevivência em que o conhecimento consiste num meio para preservação da vida. Ou seja, o conhecimento não seria fruto de uma capacidade inata; mas sim o resultado evolutivo das exigências de conservação. Tal como todas as outras espécies de viventes, o "bicho-homem" teria, portanto, forjado sua própria concepção "ordenada" de "realidade". Nesse sentido, o mundo "conhecido" pelo ser humano e entendido como um conjunto de coisas que possuem certa permanência e identidade seria, na verdade, uma ordenação pragmática a serviço das necessidades fisiológicas de manutenção da vida. Ora, se o "mundo" que aparece ao homem é sempre um efeito da ordenação produzida pelas necessidades vitais do próprio homem, não poderíamos falar, de maneira estrita, em uma apreensão da verdade acerca da realidade. Tal como todos os outros viventes, o homem teria acesso apenas a uma *interpretação perspectivista* do mundo, uma vez que sua "realidade" é produzida pelo ponto de vista das exigências de preservação de seu corpo.

Contudo, no caso específico do homem, teríamos uma variável a mais nessa relação entre conhecimento e sobrevivência, a saber, a linguagem articulada. Apesar de recorrer a diferentes hipóteses acerca do surgimento da linguagem, os textos de Nietzsche conservam, em geral, uma unidade teórica sobre esse tema, isto é, a defesa do caráter *pragmático* e *convencional* da linguagem. Permanecendo em sua trilha "evolucionista", o filósofo vinculará suas hipóteses sobre a origem da linguagem à necessidade de comunicação para fins de conservação. Em *A gaia ciência*, por exemplo, ele vai conjecturar que foi "a necessidade, a indigência, [que] coagiram longamente os homens a se comunicarem, a se entenderem mutuamente com rapidez e finura" (FW/GC, § 354). O homem "*precisava*, como animal mais ameaçado, de auxílio, de proteção" (§ 354). Ele "*precisava* de seu semelhante, ele tinha de exprimir sua indigência, de saber tornar-se inteligível" (§ 354).

Conforme essa hipótese, a linguagem está vinculada, por princípio, às necessidades da vida em bando. Nesse sentido, foi, por exemplo, para advertir os membros do bando humano sobre a presença de animais perigosos que esse bando deu-lhes um nome comum. A esse significado comum e uniforme, todos os indivíduos do bando tiveram de se adaptar, uma vez que, para continuarem contando com a proteção de seus semelhantes, precisaram aceitar essas *convenções* linguísticas. Em suma, teria sido por força da *necessidade* de compreensão mútua que o bando do animal-homem denominou *convencionalmente* as "coisas" de forma comum e uniforme.

Essas convenções linguísticas não estariam, todavia, restritas ao âmbito meramente semântico, mas se estenderiam também à esfera da sintaxe gramatical. Ora, a sintaxe, enquanto estrutura linguística reguladora das relações formais que interligam os elementos constituintes de uma linguagem específica, atuaria como uma determinação *inconsciente* dos usos dessa mesma linguagem. Dito de outra maneira, ao determinar as relações – de concordância, de subordinação, de ordem etc. –, a sintaxe imporia, portanto, o "correto" uso da linguagem na qual ela exerce a sua "regulamentação". Conforme uma sintaxe determinada, o sujeito da oração, por exemplo, deve ser entendido como o termo que exerce uma ação; ou, então, como o termo que recebe a predicação e a ela dá sustentação. O predicado, por outro lado, deve estar subordinado a um sujeito, pois a ação – ou a propriedade, estado etc. – que é expressa por um verbo vai se referir a um sujeito.

Enfim, a relação sintática entre os termos da oração consistiria numa convenção linguística que determina a compreensão do homem acerca do "mundo real".

Entretanto, boa parte da tradição filosófica – como também o senso comum – concebe a verdade como a correspondência entre a linguagem e o real. Por exemplo, se, por meio de uma *sentença linguística*, afirmo que este livro tem como tema o pensamento de Nietzsche, teríamos aqui uma verdade, pois o que afirmo tem uma relação de correspondência com a *realidade*, uma vez que este livro é realmente sobre a filosofia nietzscheana. Ora, se levarmos em conta a hipótese de Nietzsche, teríamos, aqui, um grande problema epistemológico, visto que aquilo que o homem encontraria de "verdadeiro" no "real" já seria uma conformação com o que o próprio homem conferiu, convencionalmente, ao "real". De fato, para afirmar "verdadeiramente" que uma "coisa" possui determinadas propriedades, é necessário compreendê-la previamente como coisa e, além disso, entender essa "coisa" a partir da relação linguística de sujeito e predicado. Ou seja, não encontramos as propriedades das coisas sem antes dotá-las de uma pré-compreensão linguística que vai interpretá-las como sendo "sujeitos" portadores de qualidades inerentes (cf. Nachlass/FP, 12.153, 2 [174], outono de

1885-outono de 1886). Em suma, a "realidade" da qual a "verdade discursiva" é "extraída" já estaria, de antemão, subordinada às convenções que regem o uso da linguagem dentro do bando humano.

Ora, se Nietzsche considera que o "real" ao qual o homem se refere é sempre o resultado de uma manipulação das necessidades do corpo e das convenções da linguagem, então seria, no mínimo, impreciso entender a verdade como correspondência entre proposição linguística e mundo real. Estando ciente desse problema, o filósofo propõe uma nova acepção de "verdade". Para ele, o valor e a função da "verdade" estariam restritos, em princípio, a sua *utilidade biológica* (Nachlass/FP, 13.336, 14 [153], primavera de 1888). Em outras palavras, é porque a *simplificação esquemática* da "verdade" favorece a vida que "é necessário que alguma coisa *seja mantida* como verdade" (Nachlass/FP, 12.352, 9 [38] (28), do outono de 1887). O que não quer dizer "que alguma coisa *seja verdade*" de fato. Em última instância, a verdade, entendida como correspondência entre linguagem e real, não seria nada mais do que um "erro sem o qual uma determinada espécie de seres vivos não poderia viver" (Nachlass/FP, 11.506, 34 [253], abril-junho de 1885).

Concebida nesses termos a "verdade" de uma proposição não deveria ser mais julgada a partir de sua adequação em relação ao real, mas a partir de sua importância pragmática em relação à vida. O que deveríamos perguntar deste momento em diante seria: Até que ponto uma determinada proposição serve para promover a vida? Vejamos o que diz o filósofo em *Além do bem e do mal*:

> A falsidade de um juízo não chega a constituir, para nós, uma objeção contra ele [...]. A questão é em que medida ele promove e conserva a vida, conserva e até mesmo cultiva a espécie; e a nossa inclinação básica é afirmar que os juízos mais falsos [...] nos são os mais indispensáveis, que sem permitir a vigência das ficções lógicas, sem medir a realidade como um mundo puramente inventado do absoluto, do igual a si mesmo, o homem não poderia viver – que renunciar aos juízos falsos equivale a renunciar à vida, negar a vida. Reconhecer a inverdade como condição à vida: isto significa, sem dúvida, enfrentar de maneira perigosa os habituais sentimentos de valor (JGB/BM, § 4).

Entretanto, no entender de Nietzsche, a civilização ocidental teve como um dos seus elementos formadores uma "educação para a verdade". Com essa expressão, o filósofo tem em mente um tipo de doutrina moral que adotou a verdade como um valor inquestionável e que, por esse motivo, ensinou o exercício de uma rígida probidade intelectual. Essa busca sem limites pela verdade é, justamente, o que Nietzsche chama de *vontade de verdade*. Esse irrefreável desejo de exame racional esconderia, contudo, um pressuposto moral impensado: a fé na verdade como um bem absoluto. A probidade científica do Ocidente, que exige uma crítica racional de todos os preconceitos, não teria, portanto, se dado conta de que ela mesma repousa sobre um último preconceito moral. Como vimos, no contexto do perspectivismo nietzscheano, o mundo que nos "aparece" é invariavelmente um resultado de interpretações fisiológicas e linguísticas. Por conseguinte, nesse contexto, não há sentido em buscar uma verdade universal que consistiria numa espécie de perfeita correspondência entre juízos precisos e o derradeiro ser da realidade. Ora, nesse sentido, aspirar a todo custo a uma verdade absoluta é querer algo que não existe. É querer o nada!

Conclusão

A obra de Nietzsche se caracteriza pela multiplicidade de estilos e de temas. No que diz respeito à forma estilística de sua escrita, encontramos, entre seus textos, livros dissertativos, poesias, ensaios, uma espécie de autobiografia intelectual, livros de aforismos e, até mesmo, um romance filosófico. No que se refere às temáticas, vimos que o interesse do autor também é diversificado. Suas reflexões abordam, entre outros assuntos, tragédia grega, epistemologia, história, estética, religião e, sobretudo, os problemas éticos da tradição ocidental. Além dessa pluralidade de gêneros literários e de temas, o *corpus* nietzscheano possui ainda outra especificidade metodológica, a saber, a exposição das suas questões é feita, por vezes, de forma descontínua. Isto é, em algumas obras, nomeadamente nos textos aforismáticos, assuntos dos mais diversos se sucedem em aforismos que não obedecem, necessariamente, uma ordem sistemática. Por essa razão, alguns temas vão sendo tratados sem um desenvolvimento contínuo, prolongado e conclusivo. Por vezes, uma questão é lançada em um determinado aforismo, mas só vai ser desenvolvida em outro aforismo localizado muitas páginas adiante.

Não foram poucos os que, levando em conta essas características da obra de Nietzsche, afirmaram que sua filosofia é assistemática. Além disso, o próprio filósofo, de forma deliberada, se esforçou para se afastar de uma exposição sistemática de seu pensamento. Num póstumo de 1887, por exemplo, ele afirma: "Não sou limitado bastante para um sistema – nem mesmo para o *meu* sistema" (Nachlass/FP, (255) 10 [146] – outono de 1887)[27]. Ora, se quisermos entender por "filosofia sistemática" um conjunto de ideias conectadas que formam um todo orgânico o qual pode ser apresentado de forma clara e ordenada, então, de fato, não podemos acomodar o pensamento de Nietzsche nessa definição. Contudo – a despeito das mudanças de direção ao longo dos três períodos de sua obra; não obstante seu estilo multifacetado e apesar da exposição assistemática de seus variados temas –, entendemos que é possível encontrar um fio condutor que transpassa e conecta boa parte do pensamento nietzscheano. Esse elemento unificante seria a preocupação com a valorização da imanência e da vida terrena.

Quando tratamos das posições do jovem Nietzsche sobre a tragédia grega, vimos que o filósofo

---

27. Acerca dessa questão, cf. MARTON, S. *Nietzsche, filósofo da suspeita*. Rio de Janeiro/São Paulo: Casa da Palavra/Casa do Saber, 2010.

sobrevaloriza essa manifestação artística porque entende que ela teria o poder de produzir uma espécie de efeito tonificante de afirmação da vida (primeira lição). No mesmo sentido, acompanhamos que as críticas nietzscheanas à moral ocidental têm como pano de fundo a preocupação do filósofo acerca de uma negação da vida terrena em função de uma vida eterna no além-mundo (quinta lição). No momento em que nos debruçamos sobre o projeto da transvaloração dos valores, também pudemos verificar que a referência norteadora desse intento é a afirmação da vida, do corpo e do mundo terreno. Por fim, ao examinarmos a noção nietzscheana do perspectivismo, tivemos a oportunidade de entender de que forma Nietzsche elege a vida como uma espécie de referência epistemológica (décima lição).

Enfim, se por um lado não podemos compreender o pensamento nietzscheano como uma exposição clara, ordenada e sistemática, por outro lado é possível identificar nele uma inquietação teórica que lhe confere coerência orgânica, qual seja, a questão acerca da afirmação da vida.

Referências

Obras de Nietzsche

NIETZSCHE, F. *Humano, demasiado humano*. São Paulo: Companhia das Letras, 2008 [Trad. de Paulo César de Sousa].

_____. *O anticristo*. São Paulo: Companhia das Letras, 2007 [Trad. de Paulo César de Sousa].

_____. *Fragmentos póstumos*. 4. vol. Madri: Tecnos, 2007.

_____. *Crepúsculo dos ídolos*. São Paulo: Companhia das Letras, 2006 [Trad. de Paulo César de Sousa].

_____. *O nascimento da tragédia*. São Paulo: Companhia das Letras, 2005 [Trad. de J. Guinsburg].

_____. *Além do bem e do mal*. São Paulo: Companhia das Letras, 2005 [Companhia de Bolso], 2005 [Trad. de Paulo César de Sousa].

_____. *Genealogia da moral*. São Paulo: Companhia das Letras, 2005 [Trad. de Paulo César de Sousa].

_____. *Ecce homo*. São Paulo: Companhia das Letras, 2004 [Trad. de Paulo César de Sousa].

_____. *A gaia ciência*. São Paulo: Companhia das Letras, 2002 [Trad. de Paulo César de Sousa].

_____. *Sämtliche Werke* – Kritische Studienausgabe (KSA). 15 vol. Berlim: Walter de Gruyter, 1999 [Org. de Giorgio Colli e Mazzimo Montinari].

_____. *Assim falou Zaratustra*. Rio de Janeiro: Bertrand Brasil, 1995 [Trad. de Mário da Silva].

_____. *Obras incompletas*. São Paulo: Abril, 1983 [Coleção Os Pensadores] [Trad. de Rubens Rodrigues Torres Filho].

Bibliografia complementar

ADORNO, T. & HORKHEIMER, M. *Dialética do esclarecimento*: fragmentos filosóficos. Rio de Janeiro: Zahar, 1985.

ASSOUN, P.-L. *Freud et Nietzsche*. Paris: PUF, 2008.

DENAT, C. & WOTLING, P. *Dictionnaire Nietzsche*. Paris: Ellipses, 2013.

MARTON, S. *Nietzsche, das forças cósmicas aos valores humanos*. Belo Horizonte: UFMG, 2010.

_____. *Nietzsche, filósofo da suspeita*. Rio de Janeiro/São Paulo: Casa da Palavra/Casa do Saber, 2010.

_____. *Extravagâncias* – Ensaios sobre a Filosofia de Nietzsche. São Paulo/Ijuí: Discurso/Inijuí, 2001.

PLATÃO. *Diálogos*: Protágoras, Górgias e Fedão. 2. ed. Belém: Edufpa, 2002 [Trad. de Carlos Alberto Nunes].

SARTRE, J.-P. *L'existentialisme est un humanisme.* Paris: Gallimard, 1996 [Trad. bras.: *O existencialismo é um humanismo*. 2. ed. Petrópolis: Vozes, 2013 [Trad. de João Batista Kreuch].

SOLL, I. Reflexions on recurrence: a re-examination of nietzsche's doctrine, die ewige Wiederkehr des Gleichen. In: SOLOMON, R.C. *Nietzsche, a collection of critical essays*. Notre Dame: University of Notre Dame Press, 1980.

Para ver outras obras da coleção
10 Lições
acesse

livrariavozes.com.br/colecoes/10-licoes

Conecte-se conosco:

- **f** facebook.com/editoravozes
- **◉** @editoravozes
- **𝕏** @editora_vozes
- **▶** youtube.com/editoravozes
- **◯** +55 24 2233-9033

www.vozes.com.br

Conheça nossas lojas:

www.livrariavozes.com.br

Belo Horizonte – Brasília – Campinas – Cuiabá – Curitiba
Fortaleza – Juiz de Fora – Petrópolis – Recife – São Paulo

EDITORA VOZES LTDA.
Rua Frei Luís, 100 – Centro – Cep 25689-900 – Petrópolis, RJ
Tel.: (24) 2233-9000 – E-mail: vendas@vozes.com.br